対人援助職を
めざす人の
ケアマネジメント

Learning10

編 集

太田　貞司

國光　登志子

（株）みらい

対人援助職をめざす人のケアマネジメント
Learning10

【編　者】（五十音順）

太田　貞司　（神奈川県立保健福祉大学名誉教授）

國光登志子（元立正大学）

【執筆者】（五十音順）

井上　深幸	（京都看護大学）	5・6
太田　貞司	（前　出）	2・3
岡崎　利治	（川崎医療福祉大学）	19
木下　聖	（埼玉県立大学）	4
國光登志子	（前　出）	1・12・13・14・15・16・17
坂本　洋一	（元和洋女子大学）	10
佐藤　信人	（元武蔵野大学）	9
渋谷　哲	（淑徳大学）	11・26
竹内　美保	（武庫川女子大学）	21
辰己　隆	（関西学院大学）	25
田邊　薫	（社会福祉法人翠生会）	13・14・15・16・17
谷口　明広	（元愛知淑徳大学）	22
林　俊和	（元名古屋経営短期大学）	23
藤野　達也	（淑徳大学）	7・8・20
真砂　良則	（北陸学院大学）	18
山本　博之	（田園調布学園大学）	24

はじめに

　本書は、大学、短大、専門学校の学生の方々を対象とした、地域社会における生活支援の方法としての「ケアマネジメント論」のテキストである。

　日本では、ケアマネジメントが介護保険制度創設時に制度として導入された。これは、日本の実践現場の土壌のなかで蓄積され、理論化されて生まれたものではないとはいえ、介護保険制度の定着とともに、ケアマネジメントも日本の土壌のなかに根を下ろしはじめたといえる。また、高齢者分野にとどまらず、障害者等の分野へも広がり、ケアマネジメントは生活支援の方法として定着してきたといえよう。

　本書はこうした背景を踏まえ、ケアマネジメントの誕生の背景、基本理念、目的、援助の視点について理解を深めると同時に、介護保険法と障害者自立支援法による制度としてのケアマネジメントの位置づけを基礎編で学び、ケアマネジメントの展開過程の基本や技法、その実際の事例を実践編とした2部構成にして、ステップ・バイ・ステップで初学者でも学習できるようにしている。とりわけ、随所に導入事例やコラムを挿入して、わかりやすく、生活支援の方法としてのケアマネジメントの意味が明らかになるように工夫した。さらに、介護保険制度の見直し後の動きも盛り込み、新たに生まれた地域包括支援センターにおける「包括的・継続的ケアマネジメント」等の理解も深められるように、新たな展開、新たな視点に対応した内容を加えた。

　刊行にあたり、㈱みらいの荻原太志氏には、多大な労をとっていただき、ここで厚くお礼を申し上げたい。

　2007年1月

編　者

目　次

第1部　　基礎編

Learning 1　ケアマネジメントの学習を進めるにあたって

1　ケアマネジメントを理解するために …………………………………………10
1．ケアマネジメントとは　10
2．ケアマネジメントの概要　10
3．ケアマネジメントを学ぶにあたって　11

Learning 2　ケアマネジメントの目的と機能

2　ケアマネジメントの目的 …………………………………………………………12
1．ケアマネジメント誕生の背景　12
2．ケアマネジメントの目的　13
3．ケアマネジメントの2つの側面　13
4．介護保険制度の創設とケアマネジメントの定着　14
5．ケアマネジメントの政策的な目的　14

3　ケアマネジメントの機能 …………………………………………………………18
1．ケアマネジメントの機能を捉える側面　18
2．ケアマネジメントの多面的な機能　19
3．ケアマネジメントの核心的機能　21
4．ケアマネジメントの機能とその機能分担　21

Learning 3　ケアマネジメントにおける社会資源

4　ケアマネジメントにおける社会資源の活用 ………………………………24
1．ケアマネジメントからみる社会資源　24
2．社会資源の分類と特性　25
3．社会資源の開発・改善　26

Learning 4　ケアマネジメントの利用者とケアマネジャー

5　ケアマネジメントの利用者 ………………………………………………………28
1．介護の継続性とケアマネジメント　28
2．ケアマネジメントの対象の拡大　28
3．障害者とケアマネジメント　29
4．児童福祉領域のケアマネジメント　30
5．ホームレスとケアマネジメント　30
6．ケアマネジメントの「利用者」　31

6 ケアマネジャーの役割 ……………………………………………………32
　1．ケアマネジメントとケアマネジャー　32
　2．ケアマネジメントの機能とケアマネジャーの役割　33
　3．ケアマネジメントの展開過程とケアマネジャーの役割　34

Learning 5　ケアマネジメントの視点

7 ケアマネジメントの視点 ……………………………………………………36
　1．利用者主体の視点　36
　2．自立支援とＱＯＬ（生活の質）の視点　37
　3．エンパワメントの視点　38
　4．ストレングスの視点　39
　5．ネットワーキングの視点　40

8 生活ニーズとディマンド ……………………………………………………42
　1．生活ニーズとニーズの種類　42
　2．生活ニーズを把握するために　43
　3．ニーズとディマンド　44
　4．ニーズの摺り合わせ　45

Learninig 6　ケアマネジメントの制度・施策

9 介護保険制度にみるケアマネジメント ……………………………………46
　1．介護保険制度におけるケアマネジメントの位置づけ　46
　2．介護保険制度へのケアマネジメントの導入　47
　3．介護保険制度の理念―自立支援のケアマネジメント　48
　4．介護保険制度におけるケアマネジメントの仕組み　48
　5．ケアマネジメントの実施機関―居宅介護支援事業者　49
　6．介護支援専門員の定義と位置づけ　50
　7．地域包括支援センターの機能　50

10 障害者施策にみるケアマネジメント ………………………………………54
　1．支援費制度から障害者自立支援法におけるケアマネジメントの位置づけ　54
　2．相談支援における市町村の役割　55
　3．相談支援事業者　56
　4．相談支援専門員の要件と役割　57
　5．地域自立支援協議会の役割　58

11 さまざまな分野のケアマネジメント ………………………………………60
　1．福祉事務所　60
　2．保健センター　62
　3．児童相談所　62
　4．地域子育て支援センター　62
　5．医療機関　63

第2部　　実践編

Learning 7　　ケアマネジメントの展開過程とインテーク

12　ケアマネジメントの展開過程 …………………………………………66
1．ケアマネジメントの展開過程の重層的な展開　66
2．ケースの発見とアセスメントの重なり　67
3．アセスメントとケアプラン作成の重なり　68
4．ケアプラン作成とケア会議の重なり　68
5．ケアプランの実施とモニタリングの重なり　68
6．初回ケア会議とケアプランの実施は重ならない　69
7．利用者の自立支援を目指す、利用者主体のアプローチ　69

13　ケースの発見（インテーク）…………………………………………70
1．ケース発見における視点と手続き　70
2．事例　脳梗塞により左半身まひになったAさん（退院準備編）　72
3．事例を通しての受付の役割を検証する　74

Learning 8　　アセスメントとケアプラン

14　アセスメントの方法 ……………………………………………………76
1．ニーズアセスメントの視点　76
2．事例　脳梗塞により左半身まひになったAさん（アセスメント編）　78
3．事例を通してアセスメントを検証する　83

15　ケアプランの作成とケア会議 …………………………………………86
1．ケアプランの作成　86
2．事例　脳梗塞により左半身まひになったAさん（ケアプラン編）　88
3．ケア会議　91
4．事例を通してケア会議を検証する　92

Learning 9　　ケアマネジメントの実施と評価

16　ケアプランの実施 ………………………………………………………94
1．ケアプラン実施のプロセス　94
2．事例　脳梗塞により左半身まひになったAさん（サービスの実施編）　96
3．事例を通してケアプランの実施を検証する　101

17　ケアマネジメントの質と評価 …………………………………………104
1．ケアマネジメントの質とは　104
2．質の評価者　105
3．評価結果の情報公開　106
4．地域包括支援センターとケアマネジメント　107
5．脳梗塞により左半身まひになったAさんのケアマネジメントの評価　107

Learning10　ケアマネジメント演習

- ⑱　高齢者のケアマネジメント事例① ……………………………………114
  ―ガン末期にある高齢者のターミナルケア―
- ⑲　高齢者のケアマネジメント事例② ……………………………………120
  ―認知症高齢者の在宅生活支援―
- ⑳　高齢者のケアマネジメント事例③ ……………………………………126
  ―介護老人保健施設からの家庭復帰支援―
- ㉑　高齢者のケアマネジメント事例④ ……………………………………130
  ―閉じこもり高齢者への介護予防―
- ㉒　障害者のケアマネジメント事例① ……………………………………138
  ―大家族からの自立を求めたAさん―
- ㉓　障害者のケアマネジメント事例② ……………………………………144
  ―知的障害者への地域生活移行への支援―
- ㉔　障害者のケアマネジメント事例③ ……………………………………150
  ―精神障害者の退院支援―
- ㉕　児童のケアマネジメント事例 …………………………………………156
  ―児童家庭支援センターにおける虐待予防のネットワーク―
- ㉖　生活保護世帯のケアマネジメント事例 ………………………………162
  ―就労支援員を活用して就労開始をした母子世帯―

索引 ……………………………………………………………………………169

第1部
基礎編

Learning 1　ケアマネジメントの学習を進めるにあたって

1　ケアマネジメントを理解するために

> ■地域で暮らしていきたい
>
> 　障害等があっても、地域で暮らしたいと願う人のことを具体例で考えてみよう。Aさんは80歳で妻との2人暮らし。3か月前に転倒して骨折し、その後寝たきりの生活となって介護が必要な状態となった。高齢の妻だけでは介護が不十分で、施設入所も考えたが、Aさんは住み慣れた自宅がいいという。Bさんは、20歳の時に交通事故に遭い、下半身が不自由となった。家庭の事情で今は障害者施設に入所しているが、できればアパートを借りて、得意のパソコンの仕事をしながら地域で暮らしていきたいと考えている。Cさんは知的障害があり、現在は両親と暮らしているが、両親も高齢になりこの先の生活に不安を感じている。AさんもBさんもCさんも、さまざまな事情を抱えているが、みんな自宅や地域で生活することを望み、そのためのさまざまな福祉サービス等を必要としている。

1．ケアマネジメントとは

　福祉や介護をはじめ、医療や看護、保健の領域でも、「ケアマネジメント」という言葉が普及してきた。また、介護保険制度を利用する在宅の要介護者は、サービス利用に際し、ほとんどの人はケアプラン作成をケアマネジャー（介護支援専門員）に依頼することから、ケアマネジメントの認知は広がりつつある。

　ケアマネジメントを、ごく簡単に言えば、例えば冒頭の事例にあるように、心身に障害を抱え介護等が必要な状態になるなど、地域での生活に困難を来すような問題が発生した人に、その問題を解決するために必要な保健・医療・福祉サービスをはじめ、家族、友人、親戚、ボランティアなどインフォーマルサービスまで含めた地域のさまざまな社会資源を調整して提供し、地域での生活を継続して支援していく実践のことである。この「さまざまな社会資源を調整」したり、支援を展開していくための進行管理を行う人（職種）を「ケアマネジャー」という。

2．ケアマネジメントの概要

　ケアマネジメントは、通常、「①ケースの発見」からはじまり、ケアマネジャーは、その利用者が抱えている問題や課題を明らかにするための「②アセスメント」を実施し、めざすべき生活を実現していくために、その目標設定や利用者へサービスの提供を行うための「③ケアプラン」を作成する。ケアプランが「④サービス担当者会議」で本人や関係者の間で合意されれば、それに沿って支援を展開する。支援を展開するにあたってケアマネジャーは、計画通りにサービスが提供されているか、また、目標

とする生活に向かっているのかどうかを継続的に把握していく「⑤モニタリング」を行い、新たな課題や問題が発生した場合は、「⑥再アセスメント」して「⑦ケアプランの見直し」をしていく。以下、ケースが「⑧終結（評価）」するまで②〜⑦の過程が繰り返されていく。このケアマネジメントの展開過程に

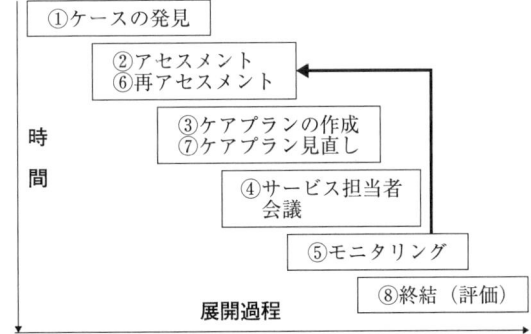

図1−1　ケアマネジメントの展開過程

ついては、本書の「12　ケアマネジメントの展開過程」〜「17　ケアマネジメントの評価」で詳しく解説している。

3．ケアマネジメントを学ぶにあたって

　ケアマネジメントを学ぶ場合、先の展開過程における具体的なケアプランの作成の仕方やアセスメントの方法などの技術的な学習であったり、介護保険制度に代表されるような制度的な仕組みの理解などは重要であるが、その前提となるケアマネジメントの本質的な目的や機能、利用者に対する支援の視点など、基礎となる理論や考え方を理解していなければ、制度・施策を理解し、技術的な部分を学んで実践に結びつけることは不可能である。つまり、「仏を彫って魂入れず」の諺ではないが、ケアマネジメントの形だけを学んでも、利用者にとって効果的なケアマネジメントは実践できない。

　ケアマネジメントは、ノーマライゼーションの考え方に影響され、さらに施設から在宅、そして地域へという福祉施策の動向のなかで、誰もが自分の望む生活を地域で送れるようになること、それを可能とするための援助方法論として生まれてきた。

　本書では、以上のような視点に立って、この基礎編でケアマネジメントをささえる基礎的な理論を学び、続いて介護保険制度や障害者自立支援法、その他福祉施策におけるケアマネジメントの制度的位置づけを理解するようにしている。なお、できるだけ実践において、その理論や制度がどのような意味をもつのかをイメージできるよう、冒頭に導入事例を挿入し、本文のなかで活用するように構成している。

　続いて実践編では、1つの事例を用いてケアマネジメントの展開過程の各々を解説し、さらに、高齢者、障害者、児童、生活保護の分野で演習事例と演習課題を掲載し、ケアマネジャーの役割や視点を実際の場面で確認し学べるようにしている。

　ケアマネジメントは、対人援助における中核的な機能を果たす技術であり、理論である。そのことをふまえて、ぜひ、次章以降でケアマネジメントの理解を深めていただきたい。

Learning 2　ケアマネジメントの目的と機能

2　ケアマネジメントの目的

■入院を続けるAさん
　1990年の頃、都内で、80歳の夫と2人で暮らしていた75歳のAさん（女性）の例である。Aさんは、脳卒中後遺症で入院した。症状は落ちつくが、まひが残って日常生活上の支障が生じ、介護が必要な状態となった。その後、いくつもの病院を転々としたが、ようやく、長期入院を受け入れる老人病院（特例許可老人病院）が見つかった。Aさんの夫や近所に住む子どもたちは、自宅で介護したいという気持ちがあるのだが、高齢の夫の体のこと、子どもたちの仕事や生活のこと、さらには車いすも使えないような住宅環境であることなど、さまざまな事情があり、難しいと考えた。しかも、近所の人たちも「病院なら症状が悪化しても安心」と言ってくれるし、家族もそう思った。ホームヘルプサービスもあるが、週何度か来てくれるくらいで、在宅介護は難しいと思った。長男の嫁が仕事を辞めればできなくもないが、それは経済的に難しい。Aさんは、自宅に戻りたいという気持ちは強いが、家族のことを考えると、やはり自宅に戻りたいとは言い出せないし、近所には往診してくれる医師がいないので、自分でも病院だと安心だと思う。この病院ならば家族の事情を聞いてくれるようだと思っている。

1．ケアマネジメント誕生の背景

　1970年代後半に、アメリカで、利用者の地域生活を支援する「ケースマネジメント」（ケアマネジメント）が生まれた。具体的には、精神障害者のコミュニティケアの推進のなかで生まれ、精神病院が閉鎖されるという動きを背景に、住宅政策の必要性、また地域生活を営むうえでの支援の必要性から生まれたものである。イギリスでも、1990年代のコミュニティケア改革のなかで定着するようになった。
　ケアマネジメントは、高齢化した先進諸国での保健医療福祉の政策動向と深く結びついている。人口の高齢化に伴い、先進諸国では高齢社会に突入し、高齢者医療、高齢者ケアの在り方が問われるようになり、長期ケアの考え方は施設中心から地域ケアへと転換するようになった。障害者の分野でも同様の動きのなかで、地域ケアは、長期ケアの協働と統合が必要になってきた。
　イギリスのケアマネジメントの研究者チャリス（Challis, D.）は、その協働と統合は、3つのレベルで起きるとしている。第1は、機関レベルでの協働と統合である。これは保健・医療・福祉機関の再編を伴うものである。第2は、専門職レベルでの協働と統合である。第3は、利用者レベルでの協働と統合であり、この利用者レベルでの協働と統合がケアマネジメントであるとしている[1]。

2．ケアマネジメントの目的

　ケアマネジメントの目的は、生活ニーズのある人が地域のなかで生活できるよう、その実現を図ることにあるが、どの国も、多かれ少なかれ、医療や福祉制度との動向のなかで、地域生活の支援とコスト管理という2つの側面をもち、ケアマネジメントは社会に定着してきた。この2つの側面をどのように捉えるのかが、ケアマネジメントの目的を捉える場合には課題となる。

　白澤政和は、ケアマネジメントを「ケアマネジメントとは、要援護者と社会資源を結びつけることによって、要援護者の地域社会での生活を支援していくことである」[2]と捉え、その目的は、生活支援であるが、重要なのは「生活支援における質をいかに高めるか」[3]であるとしている。

　一方で財源のコントロールは付随的な目的であるとしている。「……要援護者の地域生活を支援し、ひいては生活の質を高めると同時に自立を支援することにほかならないが、ケアマネジメントを実施することにより付随的な目的を果たすことになる」[4]。つまり、付随的に、施設や病院の入所・入院を抑制し、財源のコントロール、医療費の削減や福祉財源の高騰を抑えることになる可能性をもつ。しかし、「必ずしも在宅コストが安く、施設コストが高いとは言い切れないという議論もあり、海外の研究においても、ケアマネジメントを実施することによって財源が抑制されたという議論と、財源に影響がないといった議論の両者があり、必ずしもコストコントロールに貢献できるかどうかは立証されていない」[5]と述べている。

3．ケアマネジメントの2つの側面

　日本に大きな影響を与えたアメリカのケアマネジメントの研究者マクスリー（Moxley, D.P）は、ケアマネジメントの目標を3つあげている[6]。

① これらの支援やサービスを見出し利用する間に、できる限り利用者の技能を向上させる。
② 利用者の機能と健康が向上する間に、社会的ネットワークや関連する対人サービス供給者の力量を拡充する。
③ 最大限に効果的な方法でサービスや支援を供給しようとする一方、サービスの効率を向上させる。

　つまり、地域生活を支援するものであると同時に、「サービスの効率」をあげている。また、前述のチャリスは、ケアマネジメントは地域ケアの万能薬ではなく、地域ケアのジレンマを伴う実践である「脱施設化」と「在宅ケアの推進」という2つの命題から生まれたのがケアマネジメントであり、またケアマネジメントの在り方、「形態と本質」について議論は今後も続くと述べている[7]。

　日本のケアマネジメントの研究者である野中猛は、「ケアマネジメントの目的は、単

にサービスを寄せ集めて利用者に提供するためではない。もちろん、経費を節約して効率的な福祉を行うことだけが目的でもない。ケアマネジメントの最終的な目的は2つあり、事例に対する具体的な支援を通してそれらを達成することに最大の特徴がある」[8]としている。さらに、また小山秀夫も、「ケアの質とコストのコントロールを同時に求めているのがケアマネジメントであるという理解が必要であること」[9]としている。

ケアマネジメントの目的は、地域生活を支援するものであることは研究者のなかでも一致している。しかし、地域生活を可能にし、しかも効率的なサービスを提供する役割をどのように捉えるか、地域ケアのシステム全体におけるコスト管理とケアマネジメントとの関係をどのように位置づけるかどうかが課題である。

4．介護保険制度の創設とケアマネジメントの定着

アメリカなどでは、臨床場面での実践からケアマネジメントが生まれるという事情をもつが、それに対して日本の場合には、ケアマネジメントは、2000（平成12）年の介護保険制度創設のなかで、制度として「居宅介護支援」が位置づけられ、「介護支援専門員」（ケアマネジャー）が職種として登場し、社会に定着してきたという事情をもつ。

介護保険法は、「加齢に伴って生ずる心身の変化に起因する疾病等により要介護状態となり、入浴、排せつ、食事等の介護、機能訓練並びに看護及び療養上の管理その他の医療を要する者等について、これらの者が尊厳を保持し、その有する能力に応じ自立した日常生活を営むことができるよう、必要な保健医療サービス及び福祉サービスに係る給付を行う」（第1条）ことが目的であり、介護支援専門員は、「自立した日常生活を営むのに必要な援助」（第7条の5）を行う者と位置づけられている。

このように日本の場合は、介護保険制度創設によって、「居宅介護支援事業」というケアマネジメントの仕組みが生まれた。もちろん臨床の場面で、地域生活を支援する実践の蓄積がまったくなかった訳ではないが、日本におけるケアマネジメントは、臨床の場から生まれ、現場実践のなかで練り上げられたというよりも、むしろ1980年代以後の研究者による海外のケアマネジメント実践や制度の紹介を経て、介護保険制度の導入とともに、制度としてのケアマネジメントが定着してきたという経緯を辿ってきた。そのため、「ケアマネジメント」の定着は、国の政策動向、とくに介護保険制度創設時の保健医療福祉の政策動向に少なからず影響を受けてきたといってよい。

次に、その政策動向からの視点でケアマネジメントの目的を考えてみたい。

5．ケアマネジメントの政策的な目的

1994（平成6）年3月に高齢社会福祉ビジョン懇談会報告「21世紀福祉ビジョン～少子・高齢社会に向けて～」が取りまとめられ、これが介護保険制度創設の検討のは

じまりとされる。この報告書のなかで3つの「システム」の提言がなされた。
① 「自助・共助・公助の重層的な地域福祉システムの構築」（地域福祉システム）
② 「国民誰もが、身近に、必要な介護サービスがスムーズに手に入れられるシステム」（介護システム）
③ 「医療需要の変化に対応した効率的な医療体制の確保」（包括ケアシステム）

　この②「介護システム」の提言が介護保険制度につながった。この報告書が21世紀に向けた高齢者介護保険制度のあり方の検討のはじまりであるとされる理由は、社会保障給付費の構造を変えることをこの報告書のなかで提言していたからであった。その構造を、「年金：医療：福祉＝5：4：1」から「年金：医療：福祉＝5：3：2」へと転換することが盛り込まれ、医療と福祉の給付費の構造を変えることにより、介護保険制度の財源確保が提言され、介護保険制度創設にむけての議論の出発点となった。

　同年12月には、高齢者介護・自立支援システム研究会が取りまとめた報告書において、自立支援という基本理念の下に、介護に関する既存制度を再編し、社会保険方式に基礎を置いた新たな仕組みの創設が提言された。1997（平成9）年には介護保険法案が国会で成立し、2000（平成12）年の介護保険制度の発足となった。ここで提言された3つの「システム」は、その後、相互に深く結びついて政策展開された。

　なお、第1の「地域福祉システム」の考え方は、その後の社会福祉基礎構造改革へとつながり、2000年に改正された社会福祉法では「地域福祉の推進」が新たに加えられた。介護保険法では、居宅介護支援事業の目的を「日常生活」を営むことを支援することとされたが、社会福祉法でも、福祉サービスの基本理念は、「福祉サービスは、個人の尊厳の保持を旨とし、その内容は、福祉サービスの利用者が心身ともに健やかに育成され、又はその有する能力に応じて自立した日常生活を営むことができるように支援するものとして、良質かつ適切なものでなければならない。」（第3条）とされ、「日常生活を営むこと」の支援が福祉サービスの基本理念となった。さらに、「地域住民、社会福祉を目的とする事業を経営する者及び社会福祉に関する活動を行う者は、相互に協力し、福祉サービスを必要とする地域住民が地域社会を構成する一員として日常生活を営み、社会、経済、文化その他あらゆる分野の活動に参加する機会が与えられるように、地域福祉の推進に努めなければならない」（第4条）とされて、「地域住民が地域社会を構成する一員として日常生活」を営むことができるようにし、さまざまな社会参加ができるようにすることが地域福祉の推進とされた。

　また、第3の「包括ケアシステム」は、病院の急性期医療と長期ケア（慢性期医療）との区分、在宅医療の整備など、地域ケアにおける保健・医療・福祉の総合化という考え方として提唱された。これは、その後の療養型病床群を病院だけでなく診療所への拡大、地域医療支援病院の設置をした第3次医療法改正（1997年）、さらに一般病院を急性期医療と慢性期医療に区分することを明記した第4次医療法改正（2000年）の

「医療改革」に結びついてきた。2003（平成15）年には、一般病院における急性期医療と慢性期医療の区分が実施された。2005（平成17）年暮れには、療養病床を38万から15万に削減する案が提案されるようになり、翌年の6月の国会でその提案が審議され、決定された。この「包括ケアシステム」は、とりわけ、急性期医療と慢性期医療のシステム化の方向性を示したものであるといえ、慢性期医療＝長期ケアのシステム化の方向性を示すものであったといえよう。さらには、2005年の改正介護保険法で生まれた「地域包括支援センター」における「地域包括ケアシステム」の構築へとつながっていく。

また、介護保険法案の国会成立直後の翌年1998（平成10）年1月に当時の厚生省介護保険制度実施推進本部は、介護保険制度創設の目的を次の4つにまとめている。

① 老後の最大の不安要因である介護を社会全体で支えるしくみの創設。
② 社会保険方式による給付と負担の関係を明確にし、国民の理解を得られやすいしくみの創設。
③ 現在の縦割りの制度を再編成し、利用者の選択により、多様な保健医療サービス・福祉サービスを総合的に受けられるしくみを創設。
④ 介護を医療保険から切り離し、社会的入院解消の条件整備を図るなど社会保障構造改革の第一歩となる制度を創設。

最後の④は1996（平成8）年後半から「強く主張された」[10] もので、当初は、①、②、③がとくに強調されたものであった。

このように介護保険制度は、1990年代の高齢者の保健・医療・福祉政策動向のなかで生まれてきたのであるが、とりわけ、2000年代に本格化する病院機能の区分の動き、高齢者の施設整備、在宅サービスの整備の3つの動きの同時進行、できるだけ施設整備を抑え、いわゆる「社会的入院」の解消をしようという高齢者の長期ケアに対する政策動向のなかで、要介護者の在宅生活を支援するものとして「ケアマネジメント」が登場してきた[11]。

例えば、冒頭の1990年代初頭の事例のAさんの場合は、この間の医療制度の改正、介護保険制度創設前の事例で、当時は、いわゆる「社会的入院」が広くみられた時期であった。こうしたケースでも自宅での生活が可能なように政策的に転換し、介護保険制度の創設が議論されて、その在宅生活を支援する方法としての「ケアマネジメント」の導入が進められた。

日本におけるケアマネジメントは、地域生活が実現することを目的にしながら、第1には「地域福祉の推進」という側面、第2にはいわゆる「社会的入院」の解消のための在宅生活支援という側面を備えながら日本社会に登場してきたと捉えることができる。生活支援という「技術」としてのケアマネジメントを、制度政策とは切り離すことができないとしても、「技術」をどのように捉えるのか、その「技術」と制度政策との関係をどのように捉えるのかが課題である。

【注　釈】
1) D.Challis, Achieve Coordinated and Integrated Care Among LTC Services: The Role of Care Manegcment. In: J.Brodsky, J.Habib, & M.Hirschfeld, (2003) Key Policy Issues in Long-Term Care, WHO, Geneva, p.139-190.
2) 白澤政和・渡辺裕美・福富昌城『福祉キーワードシリーズ：ケアマネジメント』中央法規出版　2002年　p.2
3) 白澤政和「ケアマネジメントの目的」『ケアマネジメント講座第1巻』中央法規出版　2000年　p.9
4) 同上　p.11
5) 同上　p.11
6) マクスリー，D．P．（野中猛・加瀬裕子監訳）『ケースマネジメント入門』中央法規出版　1994年　p.12
7) 前掲　D.Challis,
8) 野中猛『図説ケアマネジメント』中央法規出版　1997年　p.15
9) 小山秀夫『高齢者ケアのケアマネジメント』厚生科学研究所　1997年　p.61
10) 増田雅暢『介護保険見直しの争点』法律文化社　2003年　p.4
11) 太田貞司『地域ケアシステム』有斐閣　2003年　とくに、第3章「転換期の90年代と3つの課題」を参照。

【参考文献】
「新版・社会福祉学習双書」編集員会編『ケアマネジメント論』（改訂4版）　全国社会福祉協議会　2006年

【コラム】　特例許可老人病院
　現在の介護保険施設のなかには、特別養護老人ホーム、介護老人保健施設、介護療養型医療施設（療養型病床）があります。特別養護老人ホームは1963（昭和38）年の老人福祉法施行時に生まれ、介護老人保健施設は1988（昭和63）年から本格的に設置が進められました。特別養護老人ホームは創設当時、生活施設であるために医療面が弱く、医療が必要な人たちは対象外とされました。1973（昭和48）年には老人医療費助成制度が始まり、高齢者が入院する場合、経済的負担が軽減されるようになって、入院治療が受けやすくなりましたが、その反面、いわゆる「社会的入院」が広がりました。1983（昭和58）年老人保健法施行時に、医療法上、医師の配置も緩和するなどの一般病院の特例として特例許可老人病院が生まれ、80年代にはこの特例許可老人病院（いわゆる老人病院）が増加しました。1990年代には療養型病床が創設され、特例許可老人病院をそれへと転換が進められ、特例許可老人病院が廃止されました。

Learning2　ケアマネジメントの目的と機能

3　ケアマネジメントの機能

> ■　「老老介護」とターミナルケア
>
> 　入院中の85歳のIさん(男性)は、医師から「退院して自宅で」と退院を促された。病院の医療ソーシャルワーカー(MSW)は「介護保険の訪問介護のサービスもあるからと」助言する。Iさんの妻から相談を受けたケアマネジャーは、地域の状況について確認し社会資源の調整を行ったところ、Iさんの自宅の近くには開業医もいて、「いつでも往診するので、自宅でできるところまで看てはどうか。他の地域では、関係者ネットワークで在宅死を可能にした例も聞いている。思い切って考えては」と言っている。訪問看護師も「大丈夫」と言っている。しかし、家族介護者の妻は84歳で、体力に自信がない。このIさんの場合は「老老介護」。介護保険のホームヘルプのサービスでは、「身体介護」部分だけで、買い物など身の回りのことは妻が行わなければならない。長男夫婦が近くにいるが、その子どもが自閉症で、嫁は毎日、仕事とその世話で精一杯。とても頼めない。他の子どもたちは遠くに住み、心配はしているが、助けにはならない。しかも、介護保険以外のサービスを使いたくとも年金生活で経済的にも難しい。Iさんの暮らす地域では、こうした「老老介護」のターミナルケアのケースに対応する支援ネットワークはまだないが、NPOで在宅介護を支援してくれる組織もあるとは聞いた。

1．ケアマネジメントの機能を捉える側面

　ケアマネジメントの核心的な機能は、地域生活の支援であり、サービスのコーディネート機能にあるが、その目的をどのように捉えるのかによって、そのもつ機能、範囲も異なる。さらに、その国の制度・政策において、ケアマネジャーがどのように位置づけられているのか、ケアマネジャーがその地域ケアシステムの運営やシステム形成にどのような役割が求められるかでも機能に違いがでる。言い換えれば、大事なことは、利用者の地域生活に必要なニーズに対応する社会資源が不足している場合、利用者や家族介護者と社会資源の間の調整において求められるケアマネジャーの役割である。その機能を考える場合、中核的機能としてサービスのコーディネート機能が共通なものと考えることができても、ケアマネジメントを行ううえで基盤となるその国や地域のケアマネジメントシステム形成においては、ケアマネジメントに多様な機能が求められ、ケアマネジャーの役割もサービス利用者一人ひとりの支援とともに、地域のケアマネジメントシステム形成の両方に関わり、その国や地域の制度・政策の展開と無関係ではない。

　冒頭の事例のIさんの場合、病院が退院を促したのは、日本の医療保険制度で長期入院は報酬単価が下がり病院経営を圧迫するという背景があり、その一方でケアマネ

ジャーがサービスのコーディネートを行おうとしても、Ｉさん夫妻のニーズを満たすだけのサービスもなく、また、経済的な余裕もない。これは地域での家族全体への支援が必要であるが困難ケースとして取り上げられることが多い事例で、しかも医療制度の動向、介護保険の介護報酬と利用者の経済的な負担、地域ケアのシステムの形成状況などをみながら支援することが必要になる。このようにケアマネジャーに求められる機能は、単に、サービスのコーディネートをするだけではないことが少なくないのである。

　このようにケアマネジメントの核心的な機能はサービスのコーディネート機能であるといえるのであるが、コスト管理を「付随的」な目的と捉えると、ケアマネジメントの機能は、サービスのコーディネートの側面がより強調されることになる。一方、ケアマネジメントの目的としてコスト管理も強調されるようになれば、施設ケアや在宅ケアという全体的な視点に立った地域ケアシステムからみたコスト管理の視点が重要な機能として求められる。同時にまた、サービス利用者の地域生活の基盤が弱ければ、地域生活の「生活の質」を基本に、利用者や家族介護者、また地域社会の力を引き出す機能、アドボケイトの機能、サービス開発の機能もより求められことになる。

　日本では、2000（平成12）年の介護保険制度創設時に居宅介護支援というケアマネジメントシステムを導入し、居宅介護支援事業所の介護支援専門員（ケアマネジャー）の役割が定着してきたが、2005（平成17）年の介護保険制度の見直しで地域包括支援センターが創設され、主任ケアマネジャーが配置された。その主任ケアマネジャーには、地域ケアのシステム全体に関わる包括的・継続的ケアマネジメントを担う役割、地域ケアのシステム形成の機能を担う役割が求められるようになった。

２．ケアマネジメントの多面的な機能

　『ケースマネジメント入門』の著者マクスリー（Moxley, D.P.）は、「ケースマネジメント（引用者注：ケアマネジメント）の焦点とは『利用者の支援ネットワーク』の形成」[1]であり、次の３つの構成要素を含んでいるとしている。①「自己ケアの要素」（主体的ケアの活動や課題に励む利用者の能力や力量）、②「専門的ケアの要素」（サービス供給における多様な専門職の参画）、③「相互ケアの要素」（ケアや社会的支援の供給における社会的ネットワークへの利用者の参画）。したがって、この「ケースマネジメント（ケアマネジメント）の実践的な機能」は、多面的な機能の枠組みからなり、①アセスメント、②計画策定、③介入、④モニタリング、⑤評価であり、ケアマネジメントの過程というのは「一方的あるいは因果関係的でない」。マクスリーは、単に「管理的機能だけではない」とし、「対人サービスの基盤作りの役割」を強調する。

　ケアマネジメントの研究者白澤政和は、『ケースマネジメントの理論と実際』において、ケースマネジメント（ケアマネジメント）を「対象者の社会生活上での複数のニーズを充足させるため適切な社会資源と結びつける手続きの総体」[2]とした。白澤は後

に、「ケアマネジメントの機能は、アセスメント機能と調整機能（コーディネート）機能が中核であるが、さらにはそれらの機能による効果を評価する機能」があり「第二次的機能として要介護者自身の自己開発機能と地域社会に対する社会開発的機能」[3]があるとしている。

また、白澤は「その機能は単に利用者と社会資源とを調整するだけにとどまらない」ときには「エンパワメント」、さらには「治療的に解決」、また「ニーズ・アドボケイト機能（もしくはクラス・アドボケイト機能）」[4]をもつと述べている。また白澤は、「ケアマネジメントの機能の範囲については、さまざまな見解がある」[5]として、ロス（Ross,H.）の見解をあげている。ロスは、アウトリーチ、クライエント・アセスメント、ケース計画、サービス提供責任者への送致の役割をもつ「最小モデル」、それらに加えてクライエントのためのアドボカシー、直接ケースワーク、自然支援システムの開発、再アセスメントの役割をもつ「コーディネートモデル」、さらにまた資源開発のためのアドボカシー、サービスの品質管理の監視、公衆教育、危機介入の役割ももつ「包括的モデル」の例をあげている[6]。

一方では、ケアマネジメントの研究者である野中猛は、地域ケアの発展のなかで多様なケアマネジメントの形が生まれるとして、次のソーニクロフト（Thornicroft, G.）の考え方を紹介している[7]。

①仲介型（brokerage type）：利用者に公的な社会資源を適正に配分する。伝統型、古典型とも呼ばれる。

②総合型（comprehensive type）：マジソン市で最初に実施された積極的地域内処遇（PACT）が一般化してACT（Assertive Community Treatment）と呼ばれる。週7日24時間体制で直接サービスも提供し、入院代替機能を果たす。

③臨床型（clinical type）：固定した援助者が直接および間接のサービスを提供し、治療的関係による効果も期待している。

④ストレングス型（strength type）：カンザス大学ではじめられたもので、利用者と環境の潜在能力に注目する。

⑤リハビリテーション型（rehabilitation type）：ボストン大学ではじめられたもので、利用者が設定する目標に向けて、本人と環境の両者に支援が行われる。

なお、イギリスのケアマネジメント研究者であるチャリス（Challis, D）の場合もケアマネジメントを3つのタイプに分けている[8]。

①管理（administrative）タイプ；相談受付時に情報を伝え助言するだけで十分なタイプ。

②調整（coordinating）タイプ；的確なプランの下であれば、1つあるいは複数のサービスを使って十分に進められるタイプ。

③集中（intensive）タイプ；複雑で頻繁にニーズが変わる比較的少数な人たちへ、治療的・支持的な役割をもってプラン作成を行うタイプ。

3．ケアマネジメントの核心的機能

このようにケアマネジメントの捉え方に違いがみられるが、核心的機能についての捉え方には大きな違いはない。マクスリーの場合を例にあげると、前述のようにケアマネジメントの「鍵となる機能」は、アセスメント、計画策定、介入、モニタリング、評価であるとしている[9]。

①アセスメント

アセスメントは、まず第1には、利用者がどの程度自己ケア能力を有するのか、対人サービスにどのようなニーズをもつのかをアセスメントすること、第2には、利用者の周りにどのようなソーシャルネットワークがあり、利用者のニーズにどのくらい応えられるかをアセスメントすること、第3には、対人サービス提供者が、その利用者のニーズに対してどの程度応えられる能力をもつかをアセスメントすることなどが含まれる。

②計画策定

ケアマネジャーには、総合的・包括的なサービス計画の策定が求められ、それはニーズに沿って、さまざまな対人サービス提供者とソーシャルネットワークによる支援などを統合する。

③介　入

ケアマネジャーには、利用者、利用者の社会的ネットワーク、対人サービス提供者の行動のどれをも変化させるために、直接的あるいは間接的に、意図した介入を求められる。例えば、地域生活に必要な支援を得るために必要なコミュニケーション、あるいは自己表現を身につけ、社会資源を活用する技術や力量を高めたり、地域生活を送るうえで起こるさまざまな危機に介入し乗り越えることである。

④モニタリング

ケアマネジャーは、計画の遂行とその目標の実現を追跡していくことが求められる。利用者の状態、対人サービスの提供の計画的遂行、ソーシャルネットワークへの参画などである。

⑤評　価

ケアマネジャーは、利用者に対して行われたサービス提供効果を評価する。サービスは、利用者にとって、有益なものであったのか、それはどの程度であったか、あるいはまた、新たなアセスメントは必要がないかどうか、計画の変更が必要でないかどうかなどである。

4．ケアマネジメントの機能とその機能分担

ケアマネジメントの核心的な機能は、単なるサービス調整だけではない。また、ケアマネジメントの段階的なプロセスにおいて、それらが断片的、独立したステップと

して捉えられるようなものではない。利用者、家族介護者の地域生活に必要な力量を高め、また、ケアマネジャーは彼らの代弁をしながら、サービス提供者、ソーシャルネットワークに働きかけることになる。また、地域社会のケアシステムへの働きかけを行い、新たな支援のネットワークの形成、サービス開発を行うために、彼らと行動をともにしたり、彼らの代弁を行うこともある。さらに、ケアマネジャーが、彼らの権利の擁護のために立ち向かうこともある。

こうした機能は、その核心的な機能と離れて存在しているわけではない。核心的な機能を実践していくには、さらに上記のようなさまざまな機能が必要になることが少なくなく、このような機能全体を、ケアマネジャーが１人で行う場合もあり、ケアマネジャーが関係する人々に分担して行う場合もある。地域ケアの発展に応じて、その機能分担はさまざまに変化するものと捉えられる。

図３－１　ケースマネジメント実践における多面的な機能の枠組み

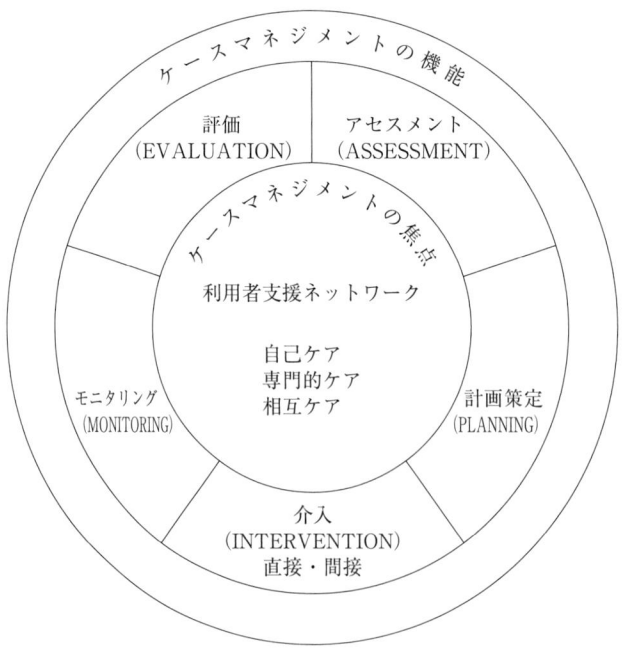

マクスリー，D.P.（野中猛・加瀬裕子監訳）『ケースマネジメント入門』中央法規出版　1994年

【注　釈】
１）マクスリー，D．P．（野中猛・加瀬裕子監訳）『ケースマネジメント入門』中央法規出版　1994年　p.12
２）白澤政和『生活を支える援助システム―ケースマネージメントの理論と実際』中央法規出版　1992年　p.11
３）白澤政和「ケアマネジメントの機能」「総論」『ケアマネジメント講座　第１巻』中央法

規出版　2000年　p.143
4）白澤政和「ケアマネジメント」白澤政和・渡辺裕美・福富昌城『福祉キーワードシリーズ：ケアマネジメント』中央法規出版　2002年　p.5
5）白澤政和「ケアマネジメント」白澤政和・渡辺裕美・福富昌城『福祉キーワードシリーズ：ケアマネジメント』中央法規出版　2002年　p.6
6）同上　p.7
7）野中猛「ケアマネジメントのモデル」白澤政和・渡辺裕美・福富昌城『福祉キーワードシリーズ：ケアマネジメント』中央法規出版　2002年　p.27
8）D.Challis, Achieve Coordinated and Integrated Care Among LTC Services: The Role of Care Management. In: J.Brodsky, J.Habib,& M.Hirschfeld,（2003）Key Policy Issues in Long-Term Care, WHO, Geneva, p.155.
9）マクスリー，D．P．（野中猛・加瀬裕子監訳）『ケースマネジメント入門』中央法規出版　1994年　pp.14－16

Learning 3　ケアマネジメントにおける社会資源

4　ケアマネジメントにおける社会資源の活用

■　地域でひとり暮らしがしたいと願うBさん
　Bさんは、下肢の障害があって車いすで生活を送っている。現在、両親とともに自宅で生活しているが、30歳を過ぎた頃から、「いつまでも親元で暮らしていていいのだろうか」と思い、自立して地域でひとり暮らしをしたいと願っている。しかし果たして、自分ひとりで生活できるかと考えると不安がこみ上げてきて、なかなか踏み出せないでいる。部屋は借りられるのだろうか、日頃の介助を誰に頼めばよいのだろうか、買い物はどうすればよいのだろうか、仕事は見つかるだろうか…。自分ひとりで生活していくには、さまざまな支援を必要とするし、職業訓練も必要だ。そのようなサービスが自分の住む地域にあるかどうかも、Bさんはわからないでいる。

1. ケアマネジメントからみる社会資源

　私たちは社会生活を営むにあたって、生活ニーズに則してさまざまなサービスを利用したり、施設やモノを活用したり、そのための情報を得たりしている。また、家族や友人の援助も得たりする。こうした社会生活を支える、物的・人的資源や社会サービス、さらに資金や法律、制度、情報などの総称を「社会資源」(social resources)という。
　社会資源は、ケアマネジメントの重要な構成要素である。ケアマネジメントにおいては、ケアマネジャーと利用者との間に社会資源が介在し、利用者のニーズに応じて選択し、活用することで、利用者の生活ニーズを満たしていくことをめざす。
　このケアマネジメントで活用される社会資源の特性は、まず1つに「ヒト」を介したサービスが大きな位置を占めることにある。例えば介護保険制度を活用するにしても、制度そのものはサービスの内容や給付の方法を定めているだけであり、結局のところは、介護保険制度によって提供される大半のサービスは「ヒト」を介して行われる。2つ目に、同じ「ヒト」を介してサービスが提供される医療分野では、基本的に専門職、有資格者がサービス提供を行うが、ケアマネジメントはこれと異なり、家族や地域のボランティアなど、非専門職によるサービスや支援を組み合わせて行うところに特性がある。
　また、3つ目に「ヒト」が行うカウンセリングでは、利用者の内面にアプローチし、心理的支援をとおして利用者の抱える問題を解決していくのに対し、ケアマネジメントは具体的な生活問題、例えば介護や児童養護問題、障害者の生活上の困難などに焦点化し、活用できる社会資源を利用者と共有し、利用者を取り巻く社会環境と利用者個人との関係を調整し、結合していくところに特徴がある。冒頭のBさんの事例では、障害そのものへのアプローチというより、日常の介護や買い物、仕事を得るための訓

練など、社会環境にアプローチする対応を必要としている。社会資源（ケアマネジャーも社会資源の1つとして）は、そこに介在し作用する。

2．社会資源の分類と特性

　社会資源の内容や性質は多種多様であり、ケアマネジメントの実践においては、これらの社会資源を整理・分類して、長所・短所をふまえた上で活用していくことが望ましい。

　社会資源を供給主体からみた場合、白澤政和は「フォーマルセクター」と「インフォーマルセクター」に分類している。

　フォーマルセクターに分類される社会資源は、法律や制度に基づいて提供される行政サービス、社会福祉法人や医療法人、民間企業などのサービスである。ケアマネジメントとの関係では、介護保険法や障害者自立支援法、福祉六法などに規定されているサービスなどがこれにあたる。フォーマルセクターによるサービスは、制度の枠内でサービス提供されるため、画一的で個々の利用者のニーズに柔軟に対応しにくい反面、税金や保険料で賄われているため財政的な基盤があり、比較的安価、もしくは自己負担なく利用できる。また、サービスの質や量を担保する仕組みも法制面で講じられていることから、安定的に一定の質を保ったサービスが供給される。ただし、制度の枠を超えたり、民間企業が独自に提供するサービスは自己負担が発生したり、高額であったりする。

　インフォーマルセクターの供給主体としては、家族成員、友人、親戚、同僚、地域住民、ボランティア・NPO、当事者グループなどがある。基本的には制度化されていない、自発的な福祉活動やサービスで営利を目的としていないことが特徴である。なお、近年では、法人格を有するNPOが介護保険制度など、制度に基づくサービスを提供する場合もでてきている。この場合はフォーマルなサービスに分類できるが、同時にNPO独自のサービスも併せて提供することがあり、明確に分類することは難しい。

　インフォーマルセクターによるサービスは、制度に縛られず個々の利用者のニーズに合わせて柔軟に対応できる反面、専門性や人的資源が不安定になりやすい。また、地域的な偏在もあり、安定的なサービスの供給体制に欠ける側面もある。

　一方、社会生活上のニーズから社会資源をとらえることもできる。同じく白澤政和は、社会生活上のニーズを次の8つに分類している。

① 経済的な安定を求めるニーズ
② 就労の機会を求めるニーズ
③ 身体的・精神的な健康を求めるニーズ
④ 教育や文化・娯楽の機会を求めるニーズ
⑤ 住居の場に対するニーズ
⑥ 家族や地域での個別的な生活の維持に対するニーズ

⑦　公正や安全を求めるニーズ
⑧　その他の社会生活上のニーズ

　これらの社会生活上のニーズを満たすにあたって問題が生じたときに、ケアマネジメントはフォーマル、インフォーマルの社会資源の特性を見極めて、活用することになる。

　例えばBさんの事例では最低限③や⑥の生活、健康の維持、そして生活基盤となる⑤の住居のニーズ、そして①や②の経済的、就労のニーズを満たさなければ、自立したひとり暮らしは実現されない。その際、介護や買い物は家族やボランティアで賄うのか、それともホームヘルパーを活用するのか、また住居はグループホームを活用するのか、障害者に配慮した公営バリアフリー住宅なのか、あるいは民間のアパートやマンションなのか、さらに就労支援においても、公的な職業訓練とともに同じ障害があり現に働いている人にアドバイスを受けられるのかなど、ケアマネジャーは地域の社会資源をアセスメントし、活用できる社会資源の特性をふまえて調整し、利用者と社会資源を結びつけていくのである。

3．社会資源の開発・改善

　ケアマネジメントは、利用者と社会資源とを調整することが中核的な機能といえるが、一方で地域のケアシステムに働きかけ、サービスの改善や開発を促していく機能もある（③「ケアマネジメントの機能」を参照）。ケアマネジメントを行うにあたっては、利用者一人ひとりのニーズが個別的で、必ずしも既存の社会資源がうまく機能するとは限らない。そのような状況のとき、ケアマネジャーは地域の社会資源やサービスを評価し、利用しやすい柔軟なサービスに改善していくよう、サービス提供機関や行政に働きかける役割が求められる。

　また、地域にニーズを満たす必要な社会資源が不足している場合もある。利用者にとっての社会資源は身近な地域にあってはじめて機能する。遠く離れた地域にいくら充実した資源があっても、現実に使えなければ機能しない。もし、仮に利用者が移り住んで解決したとしても、社会資源のない地域にとっては根本的な解決にはならない。一方で、地域のなかで社会資源を開発し、展開していくには、さまざまなプロセスを経る必要がある。

　社会資源となる新たなサービスを開発するためには、サービスを提供する人材、組織、場所、物品、財源を調達する必要がある。また、近年では住民参加、当事者参加による社会資源開発の必要性が強くいわれている。地域住民や当事者を巻き込んだ議論をし、行政・地域住民・当事者・事業者が協働し、コンセンサスを得ながら役割分担をするなかで、地域の実情にあったサービスを開発しなければ、一過性に終わってしまったり、開発したサービスが現実に機能しなかったりすることもある。

　例えば、認知症のある人が、既存の通所介護では落ち着かず、また、サービスの量

も足りていない、という課題があったとする。そこで、地域のなかで安心して過ごすことのできる、小規模な宅老所のようなところがあればいい、というニーズが浮かび上がったとしよう。

この場合、そのようなニーズが現実にどのくらい地域にあるのかを、まず調査する。また、当事者や家族介護者などと一緒に本当に必要なサービスや環境を考え、適切な場所を確保しなければならない。運良く空き家などの民家を活用できたとしても、その近隣住民に認知症の理解を促し、協力を取りつけることも必要になる。さらに介護スタッフや昼食の用意をお願いするボランティアなどの人材を確保し、当面の運営資金や民家の改修資金、備品の購入資金も求められよう。そこで、寄附を募ったり、行政や民間助成団体からの資金を得るために、NPO法人格を取得し、組織・運営基盤を整備することも検討されよう。そのうえで地域福祉計画のなかで、サービス開発支援を位置づけ、さらに介護保険事業計画・老人保健福祉計画に宅老所を位置づけ、財源的支援を確保していく方策も考えられる。

このように考えると社会資源の開発には、個別のニーズを社会化していくためにコミュニティーワーク（地域援助技術）などの間接援助技術の手法を総合的に組み合わせ活用することが要件となる。こうした手法を活用して住民や関係者のネットワークを構築することで、社会資源の開発、あるいは改善が図られる。このなかでケアマネジャーは、まず、当事者の代弁者としての機能が求められるとともに、こうした社会資源開発のプロセスに深く関与し、新たなネットワークの要を担う役割が求められる。

【参考文献】
白澤政和『ケースマネージメントの理論と実際』中央法規出版　1992年
白澤政和・渡辺裕美・福富昌城編『福祉キーワードシリーズ：ケアマネジメント』中央法規出版　2002年
平野隆之・宮城孝・山口稔編『コミュニティとソーシャルワーク』有斐閣　2001年
濱野一郎・野口定久・柴田謙治編『コミュニティワークの理論と実践を学ぶ』みらい　2004年

【コラム】地域福祉計画

地域福祉計画は、地域住民の参加を得て策定される行政計画です。この計画では、ボランティア活動の支援、地域福祉活動の推進などとともに、地域のニーズに即したサービスの開発や開発支援の方法を盛り込み、地域生活支援の基盤整備を図っていくことを目指しています。近年、NPOやボランティアの活動が活性化しています。これらの活動（社会資源）をネットワークし、その強化を図るなかでフォーマル・インフォーマルの協働体制を築き有機的に機能する仕組みを計画に定めていくことが、ケアマネジメントの機能強化につながっていくと期待できます。

Learning 4　ケアマネジメントの利用者とケアマネジャー

5　ケアマネジメントの利用者

> ■介護問題を主としたケアマネジメント
> 　利用者、70歳のHさん（男性）は、1か月前、脳梗塞で倒れT総合病院に運ばれ、その6か月後、家庭復帰を目標に介護老人保健施設に入所した。右片まひの後遺症があり、手すりを伝いながら歩行している。
> 　Hさんは、65歳の妻と2人暮らしで子どもはいない。妻は、比較的元気で日常生活に支障はないが、Hさんの退院後は、1人で介護する自信がなく不安を抱いている。しかし、なるべく自宅で暮らしたいと考えているHさんと妻に対して、介護老人保健施設の相談員は、できる限り不安を軽減し在宅生活へと移行できるようHさんと介護者の主体的なかかわりのもと環境調整に取り組んだ。退院後も、入所していた介護老人保健施設併設のデイケアに通い、機能訓練と入浴サービスを受けることを決めた。また、自宅では手すりを用いて移動できるよう、必要な箇所に手すりを設置し、いすやベッドなどの配置について検討した。

1．介護の継続性とケアマネジメント

　日本のケアマネジメントの位置づけは、介護保険を取り巻く今日的な動向を抜きには語れない。1970年代中頃の高齢者福祉領域においては、世界に類をみない速さで進む高齢化に対応すべく、在宅サービスの拡充に取り組んでいった。しかし、その結果としてサービス量とサービス提供機関の増加は、サービス提供機関同士やサービスの間で連携不足による新たな問題を出現させることになった。その対策として、在宅介護支援センターなどのサービス調整機能が活用されてきたが、ネットワークやコーディネーター機能としての位置づけといったシステムとしては限界があった。そして、2000（平成12）年4月に介護保険制度がスタートした。その制度運用にあたり「居宅生活を支援する技術」としてケアマネジメントが法的に位置づけられた。

　先述のHさんの事例は、疾病による入院を契機として、身体的、精神的、社会的な複合的ニーズが出現し、退院後の生活のためにいくつかのサービスの調整が必要となった例である。このように、高齢者にかかわらず介護問題を主としたケアマネジメントの対象は、事例のような在宅生活を可能にする必要のある入院、あるいは入所中の利用者であり、2つ目が、日常生活に介護が必要となった際、在宅生活を継続するためにケアマネジメントが必要な利用者であるといえる。

2．ケアマネジメントの対象の拡大

　ケアマネジメントの源流は、1970年代アメリカにおける精神障害者を対象にしたケ

アマネジメントに求められる（当初はケースマネジメントと呼んだ）ことは周知の通りである。

アメリカのケアマネジメントは、クライエントとその家族がもつ複数の生活ニーズと社会資源とを結びつけて、クライエントの生活の質を高め、人として尊厳ある生活を地域社会で展開できるようにすることを目的とした援助方法として試みられた。このケアマネジメントの導入の背景には、1960年代に発展してきた福祉サービスのコーディネーション機能を改善する必要性、精神保健や知的障害者の分野において顕著となった脱施設化に伴う地域支援体制の確立の必要性をあげることができる。このような流れのなかでケアマネジメントは、期待に応えうるものとして承認され、1980（昭和55）年の精神保健体制法においてケアマネジメント・サービスの提供が必須条件として定められた。そして、ケアマネジメントの対象は、高齢者・身体障害者・知的障害者・エイズ患者・ホームレスまでも拡大していった。

3．障害者とケアマネジメント

2000（平成12）年10月、厚生労働省に「障害者ケアマネジメント体制整備検討委員会」を立ち上げ、総合的なケアマネジメントの在り方についての検討を始め、2001（平成13）年3月には、「障害者ケアマネジメントの普及に関する報告書」がまとめられた。このなかで、障害者ケアマネジメントは「障害者の地域における生活を支援するために、ケアマネジメントを希望する者の意向を踏まえて、福祉・医療・保健のほか、教育・就労などの幅広いニーズと、さまざまな地域の社会資源の間に立って、複数のサービスを適切に結びつけ調整を図るとともに、総合的かつ継続的なサービスの供給を確保し、さらには社会資源の改善及び開発を推進する援助方法である」[1]と定義されている。

この定義は、幅広いニーズに対応することの重要性と、これらの複合的なニーズを充足するためには、単にサービスの調整に終始するのではなく、社会資源の改善及び開発といったソーシャル・アクションが必要であることを示したものであるといえる。ちなみに、障害者には①生活基盤を支える領域、②健康に関する領域、③日常生活活動に関する領域、④家族支援に関する領域、⑤コミュニケーション・スキルに関する領域、⑥社会生活技能に関する領域、⑦社会参加に関する領域、⑧教育・就労に関する領域の8つの領域のニーズがある。

さらに、障害者ケアマネジメントについては、2002（平成14）年に3つの障害分野共通のケアガイドラインが公表された。ケアガイドラインでは、ケアマネジメントの援助過程に関しては、3つの分野に違いは、ほとんどみられていない。ただし、身体障害者では、地域生活をしている本人が重視されているのに対し、知的障害の分野では、障害者を含んだ家族支援が重視されている。また、精神障害の分野では、医療機関における長期入院患者も含めて対象として捉えられている。

4．児童福祉領域のケアマネジメント

児童福祉領域では、次のような理由から、ケアマネジメントを導入することは難しいとされてきた。それは、①制度化されたサービスが少ない、②児童の養育支援は、心理的、教育的な側面も含めて生活を全体的に援助するものであるため、家事援助や身体介護、配食サービスなどと一つひとつのサービスを提供することは難しい、③児童自身が援助を求めることが少なく、保護者も援助に拒否的であることが多い、ことである。

しかし、近年、児童の虐待問題は、ケアマネジメントの考え方を抜きにはできないことがわかってきた。児童相談所が扱う児童虐待相談処理件数は、2003（平成15）年には2万7600件と、1990（平成2）年の1,101件に比べ約25倍になった[2]。児童虐待問題は、①子どもが訴えることが少ない、②虐待と認めない親が多い、③親は、援助を求めていない場合が多い、という特徴をもっている。そのため、たとえ、親が援助を求めることがなくても、支援を要する家庭に対して積極的なアプローチを行い、生活問題を軽減し、子どものみならず親を含めた家庭への支援が求められる。

他方、施設においても、ケアマネジメントの考え方の導入が促進されてきている。1997（平成9）年の児童福祉法改正により、要保護児童に対する援助の理念は従来の保護・救済から自立支援へと大きく転換した。この改正の趣旨を実現させるために、1998（平成10）年3月には児童養護施設、児童自立支援施設または情緒障害児短期治療施設、母子生活支援施設における自立支援計画の策定が義務づけられた。この自立支援計画の策定は、児童養護施設等における入所者の処遇向上を図ることを目的としている。具体的には、児童養護施設等に、関係機関との連携と児童の家庭環境の調整を行わなければならないことが規定されており、複数の機関と連携した統合的な援助の提供とともに児童のみならず家族への支援を重視していくことが、法令上明確にされたことになる。

このように児童福祉領域では、家庭での養育機能が低下している児童、施設入所している児童を対象としてケアマネジメントが必要とされている。

5．ホームレスとケアマネジメント

わが国における近年の経済情勢の悪化や、家族・地域住民のつながりの希薄化などが背景となって、ホームレスに関するさまざまな問題が顕在化してきた。こうしたなか、2002（平成14）年に「ホームレスの自立の支援等に関する特別措置法」が成立し、ホームレスの自立を積極的に促し、新たにホームレスになることを防止し、地域社会におけるホームレスに関する問題の解決を図ることを目指すこととなった。

ホームレスとなるに至った要因には、失業、社会生活への拒否などがあるが、ホームレスが抱える課題としては、①ホームレスの就業の機会の確保、②安定した居住の

場所の確保、③保健及び医療の確保、④自立への総合的な支援などをあげることができる。このように、ホームレスにはその背景に複合的なニーズが存在しており、ケアマネジメントの手法が必要な対象であると考えられる。

6．ケアマネジメントの「利用者」

　1991年にイギリス保健省はケアマネジメントを「個人のニーズに応じて複数のサービスをつなぎあわせてつくる過程」と定義し、1994（平成6）年に厚生省に設けられた高齢者介護・自立システム研究会は、「ケア担当者が利用者の立場に立って、本人や家族のニーズを的確に把握し、その結果を踏まえ『ケアチーム』を構成する関係者が一緒になって、ケアの基本方針である『ケアプラン』を策定し、実行していくシステム」と定義した。いずれも、政策検討段階で国が示したものであることを考えると、当時の公式的解釈と判断できる。両者とも「個人のニーズ」という個別性を重視しており、前者の「複数のサービスをつなぎあわせて」とは、その対象がもつニーズが複数であることを意味している。つまり、ケアマネジメントは、複合的な社会ニーズをもち、継続的な支援を必要とする人を対象としているといえる。

　したがって、対象のニーズを適切に把握するためには、生活上のさまざまなニーズを全体的に捉える視点が必要である。なぜなら、「健康を害しているために働けない、そのために所得が低く、住居も制限される」というように、健康上の問題、雇用の問題、住宅の問題、介護の問題、教育の問題などが密接に関係しあって生活全体に波及していると考えられるからである。このことは、先述した要介護高齢者や障害者がもつニーズ、児童福祉領域における児童及び家庭のニーズ、ホームレスにおけるニーズからも推察される。

　このように考えると、ケアマネジメントはノーマライゼーションの理念を実現する方法であり、その利用者は、特性を限定するものではなく、健康上の問題、雇用の問題、住宅の問題、介護の問題、教育の問題などの複合的な生活問題に直面しており、統合的、継続的な生活支援の必要があると判断されるすべての人であるといえよう。

【注　釈】
1）厚生労働省社会・援護局障害保健福祉部精神保健福祉課　高橋清久・大島巌編『精神障害者ケアマネジメントの進め方』精神障害者社会復帰促進センター　2001年　p.322
2）厚生労働省『社会福祉行政業務報告』2003年

【参考文献】
英国保健省（白澤政和他訳）『ケアマネジャー実践ガイド』医学書院　1997年

Learning4　ケアマネジメントの利用者とケアマネジャー

6　ケアマネジャーの役割

■利用者の思いの実現を支援するケアマネジャー

　YさんはS市内に居住する70歳の男性で妻との2人暮らしである。3年前にパーキンソン病を発病し、身体障害者手帳3級を保持している。介護保険の要介護認定では、要介護1の判定であった。本人は、自分がパーキンソン病であることの病識がない。妻（67歳）は糖尿病で高血圧気味であるが、夫の世話や家事は何とかこなしている状態である。

　ある日妻は、担当のケアマネジャーに「夫が勝手に車で出かけるので、事故を起こさないかと不安でストレスがたまる」「以前からわがままな夫の性格が最近特に強くなってきたようで、夫に対する不満が募っている」「介護に疲れてきている」ことについて相談した。

　ケアマネジャーは、Yさんが車を運転するのは、自宅から500mほど離れたスーパーマーケットに買い物に行くためであることがわかり、Yさんがパーキンソン病という病気を抱えながらも、これまで暮らし続けた自宅で地域社会と関係を保ちつつ、できるだけ自由で自立した生活を送りたいとの基本的なニーズをもっていることを理解した。そして、以下のような援助方針を考案した。

- 好きなときに外出したり買い物ができるように保障すること。ただし、安全性の点から、外出は車以外の手段を利用するようにすること。
- パーキンソン病であることを認識できるようにするとともに、歩行・移動がスムーズにできるよう機能訓練を行うこと。
- Yさんへのサービスやさまざまなサポートを活用することによって、介護者である妻の介護負担の軽減とリフレッシュを行い、夫婦関係の改善を図ること。

1．ケアマネジメントとケアマネジャー

　現在、日本でケアマネジャーが制度化されているのは介護保険制度における介護支援専門員であり、「要介護者等からの相談に応じ、及び要介護者等がその心身の状況等に応じ適切な居宅サービス又は施設サービスを利用できるよう市町村、居宅サービスを行う者、介護保険施設等との連絡調整を行うものであって、要介護者等が自立した日常生活を営むのに必要な援助に関する専門的知識及び技術を有するものとして厚生省令で定める者をいう」と規定されている。

　しかし、前述（「5　ケアマネジメントの利用者」参照）のとおり、ケアマネジメント実践が必要とされる領域は多岐にわたる。したがって、ケアマネジメントを実践するケアマネジャーは、利用者の特性にかかわらずどのような役割を担うことが必要であるかについて認識しておく必要がある。

2．ケアマネジメントの機能とケアマネジャーの役割

　ケアマネジメントの研究は欧米先進国を中心に行われ、いくつかの代表的モデル[1]が報告されている。これらのモデルを再分類すると、財源管理モデル、ユーザーモデル、処遇モデルに分類することができる。ここでは、これらのモデルの着眼点を探り、その機能面を検討することによって、ケアマネジャーの役割について整理してみる。

　第1の財源管理モデルは、ケアにかかる財源管理を尺度としたモデルである。これは、ケアマネジャーが財源を有している（あるいは財源に対する裁量権がある）か否かが1つの分岐点となる。第2のユーザーモデルは、ケアの対象となるユーザーの抱えるニーズの質や量を尺度としたモデルである。この場合、ケアマネジャーの業務は適切なサービス提供を行うためのケアプランの作成に大きな比重がかかり、アセスメントの在り方も問われる。第3の処遇モデルは、ケアマネジメントの過程において、心理社会的な援助の側面をもたせるか否かを尺度としたモデルである。心理社会的な援助をもたない場合は資源調達機能が業務の中心となる。

　これらのモデルから見出される機能は、①資源調達・開発機能、②財源管理機能、③処遇的機能、④権利擁護機能、である。資源調達・開発機能は、ケアマネジメントの最も基盤となる機能である。具体的には、関連する職種間と連絡調整（コーディネート）し、利用者の合意の下でサービスを接合（リンケージ）していく。資源調達に際して、社会資源を掘り起こしていく場合には資源開発の機能も必要になる。財源管理機能は、ケアマネジャーが財源管理にかかわる場合の機能である。介護保険制度において、介護支援専門員が介護サービス計画を作成する際には、利用者の要介護度とその介護報酬額を意識し居宅サービス計画を作成することになる。これは、「ケアマネジャーが財源を有している（裁量権がある）」ことにはならないが、間接的には財源に関与することになる。処遇的機能は、ケアマネジャーが治療・処遇的にかかわる場合の機能である。心理社会的援助とは、面接時におけるカウンセリング・アプローチや社会サービスにおける手続きの代行や情報提供、コンサルテーションなどの相談援助も含まれる。また、利用者が危機状態にあるときの介入（クライシス・インターベンション）や必要に応じて各種サービス機関、施設への送致（リファーラル）などもこの機能に該当する。権利擁護機能は、ケアマネジャーが利用者の立場に立ち、代弁、代行することで権利を要求していく機能である。具体的には、サービス利用の契約や財産管理、ケアの質の確保、生活上の安全確保や緊急時の対応、虐待など権利擁護に関するニーズへの対応がある。

　このように整理すると、ケアマネジャーには①仲介者、調整者としての役割、②管理者としての役割、③治療者、支持者、情報提供者、教育者としての役割、④代弁者、権利擁護者としての役割、⑤資源開発者としての役割が求められているといえる。

3．ケアマネジメントの展開過程とケアマネジャーの役割

　次にケアマネジメントの展開過程を、①ケース発見、②アセスメント、③ケアプラン作成、④ケアプランの実施、⑤モニタリング・再アセスメントの5つの段階に整理し、それぞれの段階で行われるべき援助の内容を踏まえて、ケアマネジャーの役割を整理する。

（1）ケースの発見におけるケアマネジャーの役割

　ケース発見の過程は、ケアマネジメントの援助を必要としている人がケアマネジャーと出会うことからはじまる。その場合、アウトリーチ（地域に出向く活動）を含めケアマネジメントを必要とする利用者を早期に発見し、援助を行うことが重要となるため、地域の民生委員や関係機関とのネットワークを構築する役割がケアマネジャーには求められる。

　ケース発見にはスクリーニング（ケアマネジメントを必要としているかどうかを評価する）とインテーク（支援の導入部分）も含まれる。インテークは、利用者がケアマネジャーと援助関係を結ぶことである。この過程では、利用者のニーズを概略的に把握し、ケアマネジメントの目的や内容、援助者の役割や責任を説明する。この段階は、必要な情報を収集しながらも、パートナーシップの形成という視点から関わることが大切である。したがって、この過程ではケアマネジャーには情報提供者及び支持者の役割が必要とされる。

（2）アセスメントにおけるケアマネジャーの役割

　ケアマネジメントの中核機能であるアセスメントは、利用者の主訴を中心として、身体的・精神的・社会的状況など、利用者の生活全般を視野に入れて情報収集し、ニーズを明らかにする過程で、援助の実施に先駆けて行う事前評価を意味する。ケアマネジャーは、利用者の思いやストレングス（利用者の強み）といった、利用者自身の希望や願い、自己のもつ能力や可能性を最大限引き出せるよう、支持的な関わりをする必要がある。

　Yさんの事例をみると、ケアマネジャーは介護者である妻からの相談を受容し、アセスメントの段階では、利用者本人の思いとストレングスを見極め、的確なニーズの確定を行っている。そして、好きなときに外出したり買い物ができることを保障するという、支持者及び権利擁護者としての立場をとっている。

（3）ケアプラン作成及び実施におけるケアマネジャーの役割

　ケアプラン作成は、どのような社会資源をどの程度活用することが効果的なのかという仕立て（テイラーリング）を判断する過程であり、基本的に利用者が望んでいる方向性を支援することが前提となる。したがって、ケアマネジャーには支持者、代弁者としての役割が期待される。

　前述したように、ケアマネジメントは複合的なニーズに対応するための援助方法で

図6-1 ケアマネジャーとチームメンバー

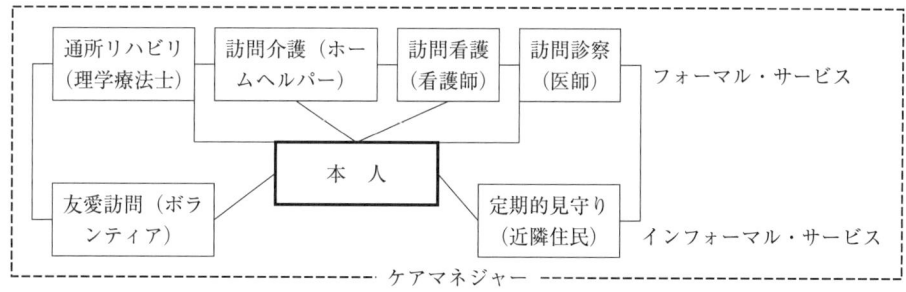

あり、具体的なサービスやさまざまなサポートを活用しなければならない。そのためには関係職種によるチームアプローチが不可欠となる。チームとは、その目標や方針を共有し、同じ方向に互いの専門性や役割を活かしながら協力するグループである。ただし、利用者を支える専門職だけがチームメンバーなのではなく、利用者本人、家族、近隣の人、ボランティア、協力し合う人はすべてメンバーである。その体制をモデル化すると図6-1のようになる。これらのサービスを接合（リンケージ）しているのがケアマネジャーである。

このようにケアプランの実施の過程では、ケアマネジャーは、利用者の権利擁護者、代弁者、チームリーダー、コーディネーター、仲介者の役割を果たすこととなる。

（4）モニタリング・再アセスメントにおけるケアマネジャーの役割

モニタリングでは、ケアマネジャーは利用者に不利益が生じていないか、どのような効果を及ぼしているかについて評価する。新たな問題の発見、または問題が解決されていない場合は、ケアプランの修正を目的として、最新の情報をもとに再アセスメントを行う。この過程においても、ケアマネジャーには、支援者、権利擁護者、代弁者であるとともに評価者としての役割が要求される。

【注　釈】
1）たとえば、C.オースティン（1990）が報告した「ブローカーズモデル」「サービス・マネジメントモデル」「マネジドケアモデル」、H.ロス（1997）の「最小限モデル」「コーディネーション・モデル」「包括的モデル」がある。

【参考文献】
佐藤光正他『障害者ケアガイドライン』環境新聞社　2004年
厚生労働省老健局『地域包括支援センター業務マニュアル』東京都社会福祉協議会　2005年
Betsy S.Vourlekis Roberta R.Greene, 1992 "SOCIAL WORK CASE MANAGEMENT" Walter de Gruyter.

Learning 5　ケアマネジメントの視点

7　ケアマネジメントの視点

■コミュニケーション能力の弱い利用者に対する支援

　Eさん（84歳）は、娘と２人暮らしであったが、脳梗塞により右片まひとなり要介護状態になった。退院後、要介護認定を受けるとともに、病院の医療ソーシャルワーカー（MSW）から紹介を受けた居宅介護支援事業所のケアマネジャー（介護支援専門員）にケアプランの作成を依頼した。

　担当したケアマネジャーは、Eさんの自宅を訪問し、Eさんの主訴、心身状況の把握、住環境環境の状況、娘さんの意向などを確認し、在宅生活の課題を次のように明らかにした。

　Eさんの状態は、右片まひのため移動に問題があるものの、排泄などは、多少介助があれば自力で可能であること、言語障害によるコミュニケーション能力に問題があり意欲の低下がみられることであった。しかし理解力は問題なく、また、娘さんの意向としてはできるだけ身体機能が向上するようにリハビリテーションを行ってほしいとの希望であった。ケアマネジャーは、Eさんは、脳梗塞の後遺症により精神的に落ち込んでいるが、障害を受容し、本人が前向きになれば自立生活の可能性が広がると考えた。

　以上のことを基にケアプランでは、できる限り本人の生活意欲を引き出すために、娘さんの意向も考慮し、閉じ込もりを防ぎつつ社会性を取り戻し、さらにリハビリテーションによる身体機能の維持・向上を考えて、介護老人保健施設のデイケアに週２回通うことと、自宅のトイレの改修や夜間帯の娘さんの介護負担軽減のために夜間対応型訪問介護の利用を検討した。

1．利用者主体の視点

　福祉における対人援助は、対象となる利用者の生活を支えるために行うものである。ケアマネジメントにおいても同様であるが、利用者とサービス提供機関の橋渡しを行い、利用者がよりよい在宅生活が継続できるよう支援しなければならない。そのために利用者に関するさまざまな情報を集め課題を分析し（アセスメント）、地域社会の社会資源のネットワークを活用しながらサービスを結びつけることが求められる。

　そして、利用者の生活を支援するためには、さまざまなサービスを活用することになるが、闇雲に何でもサービスを結びつければよいというわけではない。ケアマネジャーは、常に生活の主体が利用者本人であることを援助の視点としてもち、サービス提供事業者と利用者との間に入り、その関係を調整していかなければならない。つまりケアマネジャーは利用者の権利を擁護する立場（アドボケーター）として、援助の過程においては、サービス提供事業者の利益を優先したり、家族の介護負担の軽減を図ることだけが目的にならないようにしなければならない。

しかし一方では利用者が何を必要とし、何を求めているのか、そのニーズが不明確な場合も多い。事例の利用者のように言語障害がある場合などは、利用者本人の意思をはっきりつかみ取ることが難しい。また、そうでなくても家族と同居している利用者は家族の世話になっているという意識が強く、利用者本人の本質的なニーズを表現（要求）できない場合もある。

そのためケアマネジャーは、家族だけでなく利用者の言葉に耳を傾けて（心を傾けて）傾聴し、利用者の何気ない非言語的な表現をも理解する努力をしなければならない。常に利用者の立場に立とうとする努力が求められるのである。

つまり、ケアマネジャーは利用者からの表出された要望をニーズとして、そのままサービスにつなげるのではなく、ケアマネジャーのもつさまざまな専門的な情報をも交えながら、利用者が生活するうえで本当に必要とする支援を利用者とともに考え、利用者のよりよい選択を促さなければならない。

2．自立支援とQOL（生活の質）の視点

ケアマネジメントの目的は、利用者の生活課題が解決され、利用者のQOL（生活の質）が向上し、さらに利用者が自立した生活を過ごせるように支援することであることはいうまでもない。

しかし、このQOLの考え方と自立支援とが、ともすると間違った解釈をされ、都合のいいように使われてしまう場合がある。たとえばQOLの向上を目的として、利用者へのサービスが過剰に提供されたり、逆に自立という名のもとに、利用者自身が何でも自分でできるようにと、必要なサービスの提供が制限されてしまったりする。

2006（平成18）年に改正され施行された介護保険制度では、「持続可能性」という制度改正の基本的視点のもとで、軽度の認定者のケアマネジメントがこれまでの居宅介護支援から切り離され、予防重視型システムへの変換のもとで自立支援が強調されて利用できるサービスが制限されてしまった。

ここで改めて自立ということを考えてみたい。自立とは、たとえ日常生活で介助者からのケアを必要とする場合でも、自らの人生や生活の在り方を自らの責任において決定して生活することであり、必ずしも医学モデルでいう身体的機能の自立のことだけをいうものではない。仮に身体機能の向上がみられなくても、利用者にとってQOLが向上するなど日常生活のなかで主体的なものでなければならない。

事例の利用者のように身体機能的にある程度自力でできる者は、介護度が進行しないようにリハビリテーションのメニューを入れることは重要である。しかし、高齢者の心身機能の向上は一時的なものでもあり、長期的には年齢とともに低下傾向にあることは否定できず、若い世代のような心身機能の向上は非常に困難といえる。現実には、慢性的に心身機能が低下している者にとっては現状を維持することさえ困難な場合もある。また、リハビリテーションを行い効果があらわれたとしても、寝たきりの

者が歩き出したり、身の回りのことを何でも自分自身でできるようになるというような「自立」はあり得ない。もしこの自立という概念を医学的な身体的機能の自立を指すとするならば、高齢者や障害者の自立は非常に難しくなってしまう。

　ケアマネジメントにおける自立支援とは、これまで医療で絶対視されてきた「ADL（日常生活動作）の自立」という観点から「QOL（生活の質、いのちの質、人生の質）を充実させること」を自立と考えることへの視点の切り替えが重要な鍵となる[1]。つまり自立支援においては、援助者の手助けを借りれば早く移動や更衣ができ、空いている時間を利用者の主体的な判断で、近所を散歩に出かけたり、社会的な活動に参加したりするなど、自らの意思で主体的に生活していくという視点が重要となる。

3．エンパワメントの視点

　エンパワメントとは、簡潔に表現すれば「利用者の自らの力を引き出し、力を与えていくこと」である。利用者主体や自立支援の視点として、利用者が自ら自分の生き方を選択し、サービスを利用していくことが重要であるが、そのためにはさまざまな課題を抱えて依存的になりがちな利用者に対して、いかに主体的に生きて（生活して）いこうという力をもたせることが必要である。

　しかし、エンパワメントはそう簡単なものではない。なぜなら高齢者や障害者など、ケアマネジメントの利用者の多くは、自身の障害や社会的に置かれた状況により、社会的活動への参加の機会を制限され、必要な情報を得ることも難しい。また、社会的な偏見や差別を受けたり、さらには自分自身が社会的に否定的な評価を受けていると思い込むことも少なくなく、無力で依存的な状態に陥ってしまい、利用者がニーズを表明することが困難になる場合もある。

　Eさんの事例のような言語障害があるケースでは、家族やサービス提供者と十分なコミュニケーションが取りにくく、そのため利用者自身の生活に対する意欲が低下し、家族や専門的援助者の言いなりになって生活していることが多い。家族自身も勝手な思い込みや家族の都合だけでサービスを決めつけていることがある。このような状況のもとでいくらリハビリテーションなどのサービスを行っても、その効果をあげることは難しい。

　また、介護保険制度では、利用者の選択や契約によるサービスの利用が可能になったが、ケアマネジャーが手取り足取り、上げ膳据え膳でサービスを提供してしまっては、利用者を依存的にし、自立を妨げる可能性を秘めている。

　そのような状況のなかで、依存的な利用者が主体的に生活していこうという意欲をもてるような支援を行うことは、ケアマネジメントの重要な視点でもある。利用者自身の力や意欲を引き出していくためには、利用者への支援において「〜ができない」ので「〜してあげる」という援助者側の意識ではなく、利用者自身が「〜したい」ので「〜のサービスを受けたい」という考え方がもてるように働きかけていく必要があ

る。近年では、ICF（国際生活機能分数：WHO、2001年）の考えに沿って、ポジティブケアプランを取り入れていこうとする考えが主流になりつつあり、そこでは利用者のマイナス面に焦点を当てるのではなく、プラス面に焦点を当て、利用者の「好きなこと」「〜したいこと」「馴染みのもの」をニーズとして引き出し、サービスに結びつけていくことが求められている。

4．ストレングスの視点

　利用者へのエンパワメントを基にしたケアマネジメント展開を行うためには、利用者自身の長所や強さを見つけ出し、それらを一層高めていくことに焦点を当てることが重要である。つまり、利用者のもつストレングスに焦点を当てた援助を展開することが必要となる。

　ストレングスとは、利用者のもつ強さ、たくましさ、長所、うまさ、その人らしさなどの保持する潜在能力に焦点化する必要性を強調するもので[2]、援助者は、利用者の生活課題を把握するなかで、「外出が好き」「歌やお芝居が好き」「お寿司が好き」など利用者本人の好みや馴染みに焦点を当て、支援計画を立てるうえでサービスのなかに取り入れていく。

　事例のような心身機能の低下した者の場合、家族の希望するリハビリテーションは利用者にとって苦痛でしかないこともある。一方、家族の思いとしてはできるだけ元気に長生きしてもらいたいし、昔のように自分のことを自分で行えるようにと、リハビリテーションを希望したかもしれない。専門職の立場としても、ケアマネジャーがリハビリテーションの必要性を感じサービスをプランに入れたとしても、それが苦痛を伴う場合には、本人の意欲を引き出すことは難しい。そのため、それらの支援が何を目的とするのか、目標が明確であり、その効果が目に見えるものである必要がある。

　例えば、利用者自身のリハビリテーションの目標を「外出したい」「好きな寿司を食べに行きたい」としたらどうだろうか。在宅での閉鎖された空間から地域社会との交流と本人の好きなお寿司を食べるという目標のもとで一生懸命リハビリテーションに励むであろう。そこではリハビリテーションを行うことが目的ではなく、それを行うことで外出ができるように、そして好きなものを食べに行くことが目標なる。

　つまり生活の質を高めるような支援をするためには、外出が好きであるといった利用者の強さ（ストレングス）を理解し、支援することがポイントである[3]。そのために、ケアマネジャーは利用者と密接なコミュニケーションをもつことにより、本人や社会環境の強さを自発的に引き出すことによって、生活の質を高めるケアプランに結びつけていくことが必要である[4]。

5．ネットワーキングの視点

　これまでは、利用者及び利用者とその環境をどう結びつけるかという視点について述べてきたが、それだけではケアマネジメントは機能しない。ケアマネジメントは利用者との関係を中心にした視点を基に利用者の生活ニーズを明らかにし、その課題を解決するためにケアプランを作成して実施しなければならないが、その計画したサービスをうまく機能させるために、ケアマネジャーは地域の社会資源を有効に活用しなければならない。

　しかし、社会資源を効果的に結びつける前提として、ケアマネジャーと社会資源との関係が重要になる。地域の社会資源の情報については、公的な機関などの情報や名簿などで明らかにされているが、実際それがうまく使えるかどうかはわからない。

　事例の場合、ケアマネジャーがサービスを結びつけようとしても、通所リハビリテーションの情報が一般的・表面的なものであれば、その機関のサービス内容が利用者のニーズに合っているかまでの判断は難しい。サービスの内容や地域の評判も含めてケアマネジャーは自らが情報を収集して、利用者のニーズに合致したサービスを提供できるのか、さらには利用者の目的が達成される機関であるかを確認してサービスを結びつけなければならない。

　つまり、ケアマネジャーは、常に地域の社会資源に精通していなければならず、そのためにケアマネジャー自身が関係機関・施設とのネットワークを日頃から構築し、個々の援助場面や利用者と環境との相互関係調整場面にあたる必要がある[5]。

　そのような環境的条件が整ってはじめてケアマネジメントが有効に機能し、利用者を取り巻くサポートの網であるソーシャル・サポート・ネットワークを構築することができる。また、このネットワークはフォーマルな社会資源だけでなく、インフォーマルな社会資源を含めた利用者を支える網によって支えなければならない。事例のサービスでは介護保険上の通所リハビリテーションと夜間対応型訪問介護のみをケアプランのなかに入れているが、家族や地域における地縁や血縁によるかかわり、さらには民生委員や老人クラブなどのボランティアの方々の定期的な訪問なども含めた社会資源のネットワークをつくるという視点が重要である。

【注　釈】
1）白澤政和・橋本泰子・竹内孝仁監修『ケアマネジメント概論』中央法規出版　2000年　p.15
2）相澤譲治編『保育士をめざす人のソーシャルワーク』みらい　2005年　p.179
3）白澤政和・橋本泰子・竹内孝仁監修　前掲書　2000年　p.10
4）同上　p.11
5）社会福祉士養成講座編集委員会編集『社会福祉援助技術論Ⅱ』中央法規出版　2005　p.59

【コラム】援助と支援はどう違うの

　ケアマネジメントのなかに、「援助」と「支援」という言葉が使われています。援助は、「利用者に対する援助」「個別援助計画」などと使われ、一般的な使われ方として援助は「助けること。資金援助」（広辞苑）となっています。一方、支援は「支援計画を作る」「介護支援専門員」などと使われ、一般的には「支え助けること。援助すること」（広辞苑）と定義づけられています。

　基本的にはどちらも人を助（援）けることは同じですが、いろいろな場面で私たちは何気なく、それらをあまり明確に区別することなく、使っているように感じます。しかし、それぞれの定義から考えると援助の方が少し広い概念のようで、支援は援助の一つの方法として、対象者を支えながら助けるというように解釈することができます。つまり、厳密にいうとその使われ方によって多少意味が異なっていると思われます。

　社会福祉の今日の流れでは、社会福祉基礎構造改革以後、利用者の主体的な生活を尊重する方向性が示されており、そのなかで支援という言葉をこれまで以上によく耳にするようになってきました。支援とは利用者が主体的に生活していることを認めながら支えて助けていこうとするものです。ケアマネジメントの視点においても、主体は利用者であり、利用者の主体的な生活をどう支えるかが課題になります。

　つまり困っている人に一方的に助けを宛がうのではなく、対象者の生活を側面から支えていこうという気持ちが大切なのでしょう。ケアマネジャーはそのことをよく理解して利用者にかかわることが必要です。

Learning5　ケアマネジメントの視点

8　生活ニーズとディマンド

> **■高齢者夫婦世帯における重度要介護者への支援**
>
> 　Bさん（78歳、男性）は、脳梗塞の発作で近くの病院に救急で入院した。その後、治療も終わり退院する際に、要介護認定を受け、病院に紹介された居宅介護支援事業所にケアプランの作成を依頼し、ケアマネジャーの支援がはじまった。
>
> 　ケアマネジャーは、本人の退院後すぐに自宅を訪問し、ケアプランを作成するためにアセスメントを行った。アセスメントで明らかにされたことは、Bさんと妻の希望として、①自宅で介護を受けながら暮らしたい、②できるだけ元の状態に近づくようにリハビリを行ってほしい、であった。また、介護環境としては、①自宅は配偶者と2人生活であること、②近隣に3人の子どもがいるが関係が悪く支援は得られないこと、③脳梗塞の後遺症で左片まひがあり、重度の要介護状態のために家族の介護負担が大きいこと、④現状維持のためにリハビリの必要性があることであった。
>
> 　以上の状況をもとに訪問介護を週2回、通所介護を週2回のケアプランを立てたが、Bさんの妻からは「訪問介護による自宅での援助などは必要ない。できるだけ毎日リハビリをさせたい」との要望があり、Bさん自身も同意されていた。そのためとりあえずは、訪問介護はプランに含めず、通所介護の回数を増やし、しばらく様子をみることとした。しかし、今後妻の介護負担が大きくなることは予測され、状況次第では、訪問介護などのサービスを含めたプランの見直しや、場合によっては施設利用も視野に入れなければならないと予測された。ケアマネジャーは、Bさん夫妻のニーズである、「自宅で暮らしたい」「元気な身体を取り戻したい」というニーズと、ケアマネジャーが必要と感じるニーズのギャップに悩み、Bさん夫妻のニーズの背景をもっと分析する必要を感じた。

1．生活ニーズとニーズの種類

　ケアマネジメントでは、アセスメントを中心に利用者のニーズを明らかにしたうえでサービスの調整をしなければならない。このアセスメントなどで明らかにされた利用者の生活上必要とされるものを「生活ニーズ」というが、この言葉はすでに社会福祉分野では日常用語化され、その意味が多元的になっている[1]。

　もともとニーズとはニードの複数形であるが、「必要」「要求」と訳され、特に福祉の援助場面でいうニーズは、人びとの生活上必要不可欠なものとされている。それは利用者が日常生活を維持しようとする際に、本人や家族の力では解決できないものであり、生活上さまざまなニーズが存在し多様であるとともに、利用者一人ひとりによっても異なる個別性の高いものである。

　ニーズが多様で個別性の高いことは、利用者個々の価値観、生活観、ライフスタイル、家族構成などの生活環境、さらには利用者自身の心身の状態までもが異なるから

である。利用者の価値観や生活観などが異なるように、援助者自身もそれぞれが異なることを自覚しなければならない。

この利用者のニーズは、そのあらわれ方によっていくつかの種類に分けることができる。例えば、Bさんのようにデイサービスの利用については、家族も求めているように顕在化したニーズであり、訪問介護による家事や日常生活の援助などについては援助者側が必要であると考えたニーズである。家事など、これまで日常生活で当たり前に行っていたことは、介護生活がはじまる前に「家事援助が必要だ」と利用者自身が自覚していない場合もあり、(表出していない)潜在的ニーズとなる。

白澤によると、生活ニーズには、「フェルトニーズ」(felt needs)と「ノーマティブニーズ」(normative needs)に分けられるという。フェルトニーズとは、利用者自身の要求（demand）でもあり、主訴としてあらわされることが多いのに対し、ノーマティブニーズは、専門職の判断により明らかにされるニーズであるという[2]。また、利用者のニーズと専門職が必要と判断したニーズを合致させた真のニーズを「リアルニーズ」(real needs)といい、このリアルニーズを導き出すことが、ケアマネジャーの重要な役割といえる。

このようにニーズはそれぞれの立場によってその捉え方が異なってくる。具体的にみると、利用者本人と家族は同じニーズであるとは限らず、また同居家族と別居家族、さらには配偶者と子や子の配偶者とではニーズは全く異なることがある。専門職においても、福祉職と医療職では何を利用者のニーズと捉えるかは異なるし、ヘルパーかケアマネジャーかなど、その専門的立場や所属する事業所での立場によっても捉え方は異なる。

いずれにしてもニーズの内容については次項において述べるが、注意しなければならないことは、ケアマネジメントにおいてニーズは、アセスメントツールを用いて明らかにしていくものであるが、そこで分析されたことがそのままニーズになるわけではなく、そこから何を生活課題として捉えるかが問われている[3]。その判断と調整によって利用者の生活がより豊かになるかどうかが専門職の腕の見せ所でもある。

2．生活ニーズを把握するために

生活ニーズを把握するためには、インテークからモニタリングまでさまざまな段階を通して情報を把握し、課題を明確にしていかなければならない。この把握はアセスメント段階におけるアセスメントツールを用いた課題分析が中心となるが、ここでは、心身の状態、健康状態、経済的状況、家族などの状況、住環境の状況など、利用者自身のことから利用者を取り巻く社会的環境的なことまで、あらゆることを把握したうえで、課題を分析していかなければならない。

しかし、前項で述べたとおり、ニーズには顕在化されたものだけでなく、潜在化しているものもあり、利用者の心身の状態や環境的な状況によっては、生活ニーズの把

握が難しい場合が多い。例えば、生活意欲が低い方やコミュニケーション能力に問題がある方、判断能力に課題がある方、さらには家族に遠慮して利用者自身の本心を言えない方など、それらの方々のニーズをどのように把握するかが重要である。

　さらに、利用者がニーズを表出するかどうか、サービスの必要性を感じるかどうかは、サービスに関する情報を知り得ているかどうかによっても影響を受ける。情報を知らないために、サービスを要求していいのか、サービスを利用することによってどのように生活の質が向上するかのイメージが湧かないためにニーズを表明しないこともある。ケアマネジャーは利用者の課題を分析するなかで、利用者にさまざまな情報を提供し、サービスを利用することにより生活の質が向上することを理解してもらうことが必要である。

3．ニーズとディマンド

　ニーズに似た言葉として「ディマンド」という言葉がある。ディマンドとは、日々の生活のなかで人間の欲求や欲望を指し、顕在化したニーズであるが、主訴としてあらわされることも多い。これは、利用者自身が表出しているもので利用者の主観的な要求でもある。

　しかし、この利用者が求める要求、つまり日々の生活のなかで生じる人間の欲求や欲望のすべてが、その人のニーズをあらわしているとは限らない[4]。例えば、事例ではBさんの妻からは身体機能の改善のために毎日のようにリハビリをさせたいという強い要望があったが、Bさんの障害は慢性化しており現状維持がやっとで改善の見込みは薄いと判断される。そこでは、援助者としての専門的判断で、リハビリを毎日行う必要性は感じられない。

　このように、利用者が要求するものが、必ずしもサービスとして必要であるとは限らず、援助者としてはアセスメントで確かな情報を集めて、課題を分析し、利用者とその必要性や重要性を協議しながらサービスを組み立てて支援することが求められる。

　しかしながらここで注意しなければならないことは、ディマンドは利用者の「単なるわがままなもの」として否定的に捉える必要はない。それが客観的にみて単なるわがままであり、それを言われるままに全て受け入れるのであれば問題であるが、利用者の表出した要望は利用者のストレングスにも繋がり、利用者が自ら主体的に生きようとする力を与えられるものにもなる。特に近年では、ICFの概念がケアマネジメントに受け入れられ、利用者のできないことを否定的に評価し課題とすることではなく、利用者自身の「～したい」ことを肯定的に評価してケアマネジメントに活かしていこうとする考えが取り入れられるようになってきた。そのような意味においても、このディマンドをどのように捉えるかで、利用者への支援は全く異なったものになる。

4．ニーズの摺り合わせ

　これまで述べてきたように、ニーズには顕在化されたものや潜在化されたものがあり、そして誰が考えるかによって利用者、家族、援助者それぞれのニーズがあるように、個別的で多様である。ケアマネジャーは、このようにニーズが個別的で多様であることを理解し、利用者がよりよい生活を過ごすための最善の支援に繋がるリアルニーズを明らかにしていかなければならない。

　リアルニーズは、基本的には利用者主体の原則に則って、本人の意向を大切にしながら明らかにしていかなければならないが、あまりも利用者のいいなりや御用聞きになってしまうことは避けなければならない。また、本人の意向と専門職として捉えたニーズが違う、つまりノーマティブニーズとフェルトニーズが異なる場合、さらには、本人と家族の意向に温度差がある場合は多く、それぞれのニーズの摺り合わせを行いながらリアルニーズを明らかにしていかなければならない。

【注　釈】
1 ）三浦文夫『増補社会福祉政策研究』全国社会福祉協議会　1987年　p.56
2 ）白澤政和「ニーズの断章」『ケアマネジャー』通巻61号　中央法規出版　2005年　p.16
3 ）同上　p.22
4 ）足立叡編『新・社会福祉原論』みらい　2005年　p.63

【コラム】普通の暮らしって何？

　普通の暮らしって何でしょう。私たちは自分の生活観や価値観で物事を判断し、その物差しで相手をみて、どのような人か判断しています。自分の生活が普通と思い、自分とは全く違う価値観をもつ人は変な人として判断してしまうでしょう。

　ある1人暮らしの高齢者が、散らかった部屋のなかで生活していたとします。いやケアマネジャーにしてみればゴミのなかに住んでいると感じていました。

　ケアマネジャーは、ケアプランに週3日訪問介護を入れ、部屋をきれいにするように支援計画を立てました。しかし、部屋はきれいになるどころか、ヘルパーが片付けた翌日には全く同じように散らかってしまっていました。

　一般的に考えると部屋が片付いていることは、衛生的にもよいことと考えがちです。しかし、利用者にとってある程度部屋が散らかっていた方が落ち着く人もいたり、身近な物をすぐ手の届くところに置いていないと落ち着かない人もいます。

　ケアマネジャーにとっては、利用者に普通の生活をしてもらおうと考えたプランでしたが、散らかった部屋が利用者にとっては普通の生活であったのかもしれません。

　普通とは、誰を基準に普通と考えるのか、ケアマネジャーは、常に人それぞれ価値観、生活観の違い、さらには生い立ちや心身の状況が異なることを理解し、自分自身の物差しで利用者をみてサービスを押しつけていないかどうか、自己覚知しなければならないでしょう。

Learning 6　ケアマネジメントの制度・施策

9　介護保険制度にみるケアマネジメント

■病院を退院し、円滑な在宅生活に移行していくために

　Jさん（80歳、女性）は、夫（83歳）との2人暮らしである。Jさんが脳梗塞で倒れたのは突然の出来事であった。救急車で病院に搬送されて一命はとりとめ、片まひが残ったものの病院でのリハビリも終了し、夫婦の強い希望で退院後は自宅に戻り生活していくことになった。

　そこで、病院の医療ソーシャルワーカー（MSW）から介護保険制度の説明を受け、入院中に要介護認定の申請を行った。申請後、認定調査員がJさんを訪ね、身体機能やADLの状況などを調査された後、市役所から送られてきた要介護認定の決定通知には「要介護度3」と記載されていた。Jさんは介護保険サービスを利用できることになった。

　早速夫は市役所で居宅介護支援事業所（ケアマネジメント機関）の一覧のなかから、自宅から最寄りの事業所を探し、ケアマネジメントの依頼を行った。夫は担当ケアマネジャーとのはじめての面接で、Jさんの状況と在宅での生活の希望を話した。その後ケアマネジャーが自宅を訪ねてきて、家の構造や帰ってくる妻を介護する居室、浴室、トイレなどを細かく観察してノートに書き留めていく。手すりの設置など住宅の必要な改修についても検討したい、病院でJさんとも面接したいといった。このようなことをするのは、Jさんの意見も聞き自宅での生活にスムーズに戻れるように、病院スタッフとの打ち合わせにも必要なことだと説明を受け、夫は納得した。また、どのような生活がしたいかを尋ねられ、その生活を実現するには夫婦がどのような努力を行い、外部からはどのようなサービスを利用すればよいか一緒に考えていきましょうとやさしく、また力強く語りかけられ、夫は少し安心した。

1．介護保険制度におけるケアマネジメントの位置づけ

　介護保険制度におけるケアマネジメントは、狭義には保険給付（サービス）の利用手続きとして捉えられる。介護保険制度でのサービスの基本的な利用手続きは概ね3段階に区分されている。第1段階は、被保険者がサービスを受ける要件を満たしているか否かを確認するための「要介護認定・要支援認定（要介護認定等）」の段階である。次に、第2段階は、要介護認定等を受けた被保険者（要介護者等）に対して「居宅サービス計画（居宅ケアプラン）や施設サービス計画（施設ケアプラン）を作成する」段階である。さらに、第3段階は要介護者等がケアプランに沿って「継続的な状況把握のもとで実際にサービスを受ける」段階である。具体的には、この第1段階を要介護認定等の過程、第2段階と第3段階を介護支援サービス（ケアマネジメント）の過程ということができる。

　介護保険制度におけるケアマネジメント機能は、居宅でサービスを受ける要介護者

に対して行われるものと介護保険施設に入所・入院してサービスを受ける要介護者に対して行われるものの両者があり、いずれの業務も介護支援専門員によって行われるが、介護保険法上この両者を統合した適語が規定されておらず、こうしたケアマネジメントをここでは「介護支援サービス」という。

これらの保険給付（サービス）の利用手続きは概ね図9－1のとおりである。

2．介護保険制度へのケアマネジメントの導入

介護保険制度では、保険給付の対象者である要介護者等に対し、それぞれの生活全般の解決すべき課題（ニーズ）に即したサービスが適切かつ効果的に提供されるよう、多様なサービス提供主体による保健・医療・福祉にわたるケアの各種サービスが総合

図9－1　介護保険制度におけるサービス利用までの流れ

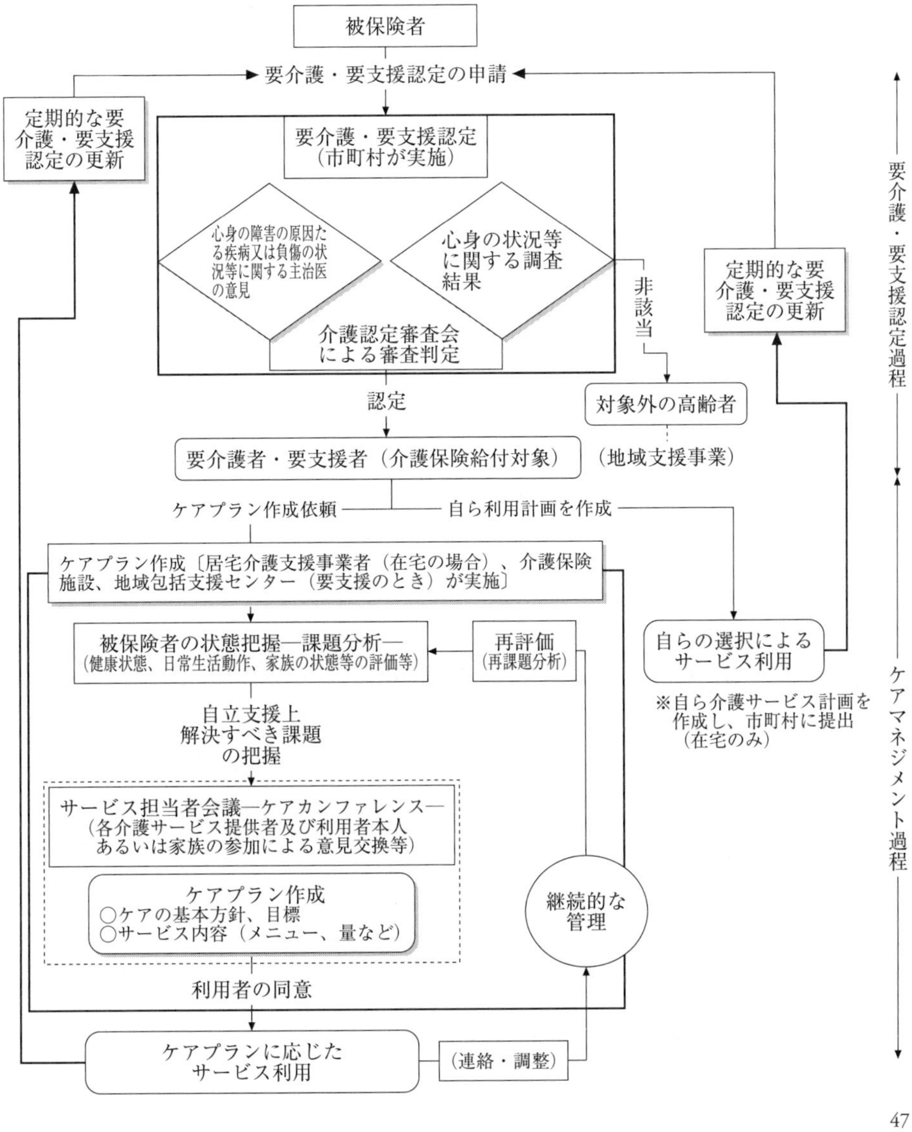

的、一体的、効率的に提供されるサービス体系を確立することとされ、このためにサービス提供の手法としてケアマネジメントの機能を制度的に位置づけた。

　なお、ケアマネジメントは、介護保険制度以前に在宅介護支援センターでも目指したが定着・普及するには至らずに、介護保険制度に介護支援サービス（居宅の場合は居宅介護支援）として導入されることとなってから注目を集めることとなった。居宅介護支援（ケアマネジメント）とは、簡単にいえば、"多様な生活全般の解決すべき課題"と"保健、医療、福祉サービスを統合した幅広いニーズに対応するサービス"の継続的な連結を主眼とするもので、以前からその機能の必要性が指摘されてきたものであり、介護保険制度においてのみ成立する機能ではない。ただし、介護保険制度におけるケアマネジメントの対象は、要介護者等であり概ね高齢者に限られるという特質をもっている。

　従来、制度上異なったサービス体系、指揮系統の下で価値観や視点の相違をもって縦割りで個々単独に行われやすかった"多分野多職種のサービス"をサービス利用者である要介護者等の手元に、連携のとれた"ひとまとまりのサービス"として届けることは容易ではなかったのである。これに対して要介護者等の生活全般の状況を総合的に把握し、生活全般の解決すべき課題に応じたサービスを一体的に提供する機能を果たす"人や機関"の必要性を認め、ケアマネジメントをサービスの利用手続きとして制度的に位置づけたところに介護保険制度の大きな意義の1つがある。

3．介護保険制度の理念—自立支援のケアマネジメント

　介護保険制度上「自立」とは何かを直接示す定義はない。しかし「自立」とは、人が要支援・要介護の状態になっても"可能な限りできる範囲で、可能な限り自分らしい生活を営むこと、自分の人生に主体的・積極的に参画し自分の人生を自分自身で創っていくこと"を指すものと考える。また、そのことに価値を見い出しそれを「支援」すること、すなわち「自立支援」という考え方こそがケアマネジメントとそれを取り入れた介護保険制度の根本理念である。

　介護保険制度は、利用者が自立した日常生活を営むことができることを目的としており、具体的には保険給付で「被保険者（利用者）が要介護状態となった場合においても、可能な限り、その居宅において、その有する能力に応じ自立した日常生活を営むことができるように配慮されなければならない」（介護保険法第2条第4項）こととされている。保険給付としてのサービスは「利用者の自立を支援する」ために行われるということである。

4．介護保険制度におけるケアマネジメントの仕組み

　介護保険制度には訪問介護や訪問看護、通所介護などさまざまな保険給付（サービス）が用意されているが、こられのサービスは、利用者側がどのような状況で、どの

ようなものを求めているのか、また、介護支援専門員などのケア側がどのようなものが必要と考えているかを互いに相談し、合意を得ながら組み合わせて（ときには単一で）利用されていくことになる。サービスは利用者の実情や思いと、それを専門的な視点から支援する仕組みで提供されてこそ最大の効果を生むこととなる。このため、介護保険制度では、利用者の生活全般の課題（ニーズ）に適切に対応したサービスを効果的・計画的に提供する観点から、「ケアプランを作成して、その計画に基づいてサービスが提供されること」を保険給付（サービス）を行ううえでの基本方針としている。

　この基本方針を具体化し、多くの利用者にケアプランが作成されるようになるため、介護保険制度では、ケアプランを作成して保険給付を受ける場合には現物給付化する仕組みとしている。すなわち、保険給付は9割給付のため、本来の制度の仕組みによれば、サービスを受けたときに一旦サービスの費用の全額（10割）をサービス事業者に支払い、後に9割分を保険者（市区町村）から償還する（償還払い制度）ようになっているが、この場合には利用者が一時的に多額の費用を準備しなければならなくなってしまう。そこで、あらかじめケアプランを作成して保険給付を受ける場合には、1割の自己負担分のみを支払えばよいようにしたのが現物給付の仕組みである。こうすることによって、多くの利用者に自立支援のケアプランが作成され、それに沿ったサービスが受けられるようになることを促進しているのである。

　また、ケアプランの作成を「居宅介護支援」として保険給付の1つに加え、自己負担なしで受けられるようにしていることも、このことをさらに促進する仕組みであるといえる。

5．ケアマネジメントの実施機関—居宅介護支援事業者

　介護保険法上、ケアマネジメントは「居宅介護支援」として規定され、居宅でサービスを受ける要介護者等がケアマネジメントを受けたときには「居宅介護サービス計画費」という保険給付を行うことによりケアマネジメントの制度化を図っている。

　居宅介護支援とは、前項で述べたとおりであり、一般的な意味でのケアマネジメントを制度的によく反映している。なお、要支援者については、介護予防支援として介護予防サービス計画を作成して行う居宅介護支援と同様の規定がなされている（介護保険法第8条の2第18項）。

　なお、居宅介護支援には施設入所にかかるケアの概念を含まないため、「ケアマネジメント・イコール・居宅介護支援のみ」と理解する向きもあるが、介護保険法上、居宅介護支援についてのみ定義を行ったのは、施設入所中に施設の計画担当介護支援専門員が行うケアマネジメント（施設サービス計画）の費用は、入所者の介護費用等と一括で支払うことができるのに対して、居宅介護支援事業者が行うケアマネジメントに対して居宅介護サービス計画費という独立した保険給付を行うためには、居宅介護支援の内容を明らかにする必要があったためである。

こうしたケアマネジメント（居宅介護支援）を行うのが、居宅介護支援事業者であり、ケアマネジメントを行うのは、次項にある介護支援専門員である。そして居宅介護支援事業者では、要介護者の心身の状況などに応じて適切なケアマネジメントを提供するとともに、自ら、実施しているケアマネジメントの質の評価を行うことなどにより、常にケアマネジメントを受ける立場に立ってケアマネジメントを提供するよう努め、事業所ごとに必要な数の介護支援専門員を置かなければならないことと規定されている（介護保険法第80条、第81条）。

6．介護支援専門員の定義と位置づけ

　介護保険制度では、ケアマネジメント機能を担う者を「介護支援専門員」として位置づけており、この介護支援専門員は一般的には「ケアマネジャー」と呼ばれ、居宅介護支援事業所にも介護保険施設などにも配置が義務づけられている。
　介護保険法上の介護支援専門員の定義は次のとおりである。
　「「介護支援専門員」とは、要介護者等からの相談に応じ、及び要介護者等がその心身の状況等に応じ適切な居宅サービス、地域密着型サービス、施設サービス、介護予防サービス又は地域密着型介護予防サービスを利用できるよう市町村、居宅サービス事業を行う者、地域密着型サービス事業を行う者、介護保険施設、介護予防サービス事業を行う者、地域密着型介護予防サービス事業を行う者等との連絡調整等を行う者であって、要介護者等が自立した日常生活を営むのに必要な援助に関する専門的知識及び技術を有するものとして介護支援専門員証の交付を受けたものをいう」（介護保険法第7条第5項）。
　介護支援専門員になるには、都道府県が実施する「介護支援専門員実務研修受講試験」（以下、実務研修受講試験）に合格し、実務研修終了後に修了証明書の交付を受け、都道府県知事が管轄する名簿に登録されて資格が得られる。実務研修受講試験を受験できる要件としては、社会福祉士や介護福祉士、または、医師、看護師、保健師などの福祉・保健・医療分野の国家資格取得者で、5年以上の実務経験を有するものである。また、国家資格未取得の場合でも、相談援助業務や介護業務に10年以上の実務経験があるものも受験資格が得られる。

7．地域包括支援センターの機能

　地域包括支援センターは、介護保険制度の改正（2006（平成18）年4月施行）により新設されたもので、以下に述べる包括的支援事業と介護予防支援を行う施設である。

（1）包括的支援事業

　介護保険法により市町村は、地域支援事業を行うこととされている（介護保険法第115条の38）。地域支援事業とは、被保険者が要介護状態となることを予防するとともに、要介護状態となった場合においても、可能な限り、地域において自立した日常生

活を営むことができるよう支援するもので、表9－1のような事業内容とされ、地域包括支援センターは、このなかの包括的支援事業を行うこととなっている。

この包括的支援事業を行う施設として「市町村は地域包括支援センター」（以下「センター」）を設置することができる。センターは包括的支援事業等を実施して、地域住民の心身の健康の保持や生活の安定のために必要な援助を行うことにより、その保健医療の向上及び福祉の増進を包括的に支援することにより地域包括ケアを実現することを目的としている。

なお、市町村は、この包括的支援事業を、老人介護支援センター（在宅介護支援センター）の設置者や一部事務組合、広域連合、医療法人、社会福祉法人、公益法人などに委託することができることとされ、この委託を受けた者もセンターを設置することができる。すなわち、これを要約すれば、市町村は地域包括ケアを実現するために包括的支援事業を行い、それを担う施設としてセンターを設置する。ただし、包括的支援事業は委託することができるため、センターには、市町村が自ら設置したものと事業の委託を受けた者が設置したものの2つがあるということになる。また、センター

表9－1 地域支援事業の概要

介護予防事業	(1)介護予防特定高齢者施策 　要介護状態となるおそれの高い虚弱な状態にある65歳以上の者（特定高齢者）が要介護状態になることを予防し、一人ひとりの生きがいや自己実現のための取組を支援し、活動的で生きがいのある生活や人生を送ることができるように支援すること。 (2)介護予防一般高齢者施策 　介護予防に役立つ住民等の自発的な活動が広く実施され、高齢者自らも活動に参加するなど、介護予防の取組が主体的に実施されるような地域社会を作るため、健康教育や健康相談などを通じた介護予防の普及・啓発を図り、住民の自発的な介護予防活動を育成支援すること。
包括的支援事業	(1)介護予防ケアマネジメント業務 　特定高齢者が要介護状態となることを予防するため、その心身の状況、置かれている環境その他の状況に応じて、介護予防事業その他の適切な事業が包括的かつ効率的に実施されるよう援助をすること。 (2)総合的相談支援業務 　地域の高齢者が、住み慣れた地域で安心してその人らしい生活を継続していくことができるよう、地域での関係者とのネットワークを構築するとともに、高齢者の心身の状況や生活の実態、それに応じた必要な支援などを幅広く把握したうえで、相談を受けながら、地域における適切な保健・医療・福祉サービス、機関または制度の利用につなげる支援をすること。 (3)権利擁護業務 　地域住民、民生委員、介護支援専門員などの支援だけでは十分に問題が解決できなかったり、適切なサービスにつなげる方法が見つからないなどの困難な状況にある高齢者が、地域福祉権利擁護事業や成年後見制度などを活用して尊厳のある生活を維持し、安心して生活することができるよう支援をすること。 (4)包括的・継続的ケアマネジメント支援業務 　高齢者が、住み慣れた地域で暮らし続けることができるよう、介護支援専門員、主治医、地域の関係機関などとの連携、在宅と施設との連携など多職種相互の協働を図り、高齢者の状況やその変化に応じて支援することができる、包括的・継続的ケアマネジメント体制を地域に作り上げるとともに、個々の介護支援専門員に対する支援をすること。

は、指定を受けて予防給付の介護予防支援（介護予防ケアマネジメント）も行うこととなっている。

（2）地域包括ケア

高齢者が住み慣れた地域で、尊厳あるその人らしい生活を継続することができるようにするためには、その高齢者の生活の本拠がある「地域」で、包括的で継続的なサービスが行われなければならない。

地域包括ケアとは、地域に、できる限り要介護状態にならないようにするための介護予防サービスを適切に確保するとともに、要介護状態になっても高齢者のニーズや状態の変化に応じて必要なサービスが切れ目なく提供される「包括的で継続的なサービス体制」を確立して支援し続けることである。

「包括性」とは、高齢者の地域での生活は、介護保険制度をはじめとする各種の公的な制度から行われるサービスのみで支えることはできず、高齢者本人の努力はもとより家族の支援や地域住民による支え合い、各種の非公的なサービスなどを活用しながら行われる地域福祉の多様なつながりのなかで実現していくことを指すものである。なお、公的なサービスの間でも、例えば、民生委員を通しての家族との接触、保健師、障害者福祉センターや精神保健センターの相談員などとの同行訪問、専門的ケアの依頼などが有効な場合もある。

また「継続性」とは、高齢者のニーズや状態は刻々と変化していくものであり、その変化に応じて必要なサービスが継続して切れ目なく提供される必要があることを指

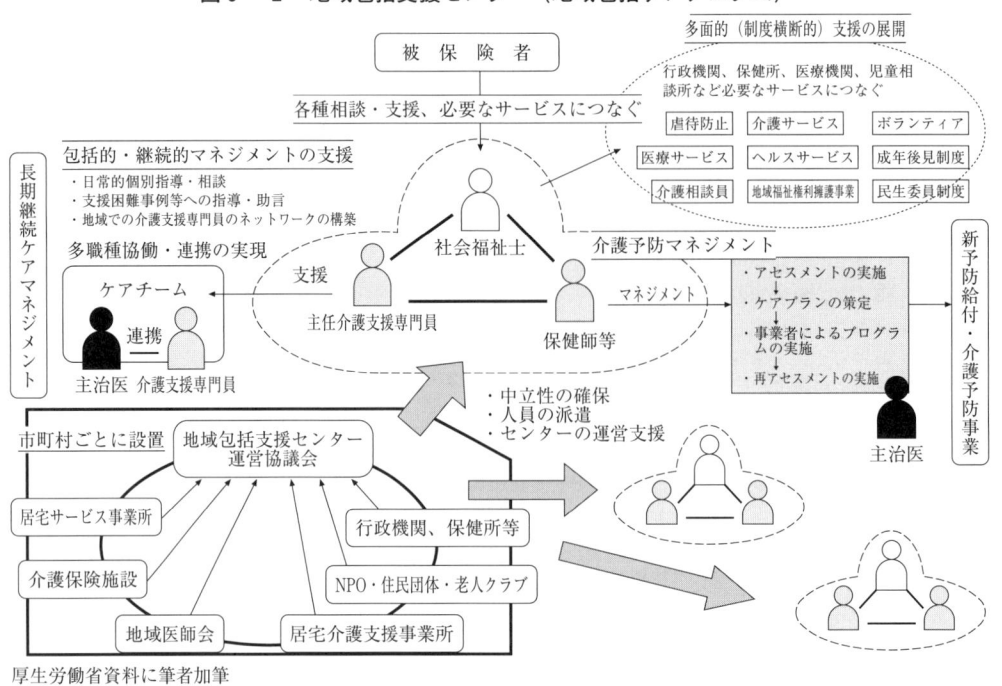

図9-2 地域包括支援センター（地域包括ケアシステム）

厚生労働省資料に筆者加筆

す。また、介護老人保健施設などの介護保険施設や病院などの入退院（所）者については、その施設や病院、家族、主治医、介護支援専門員、医療ソーシャルワーカー（MSW）、訪問看護師、訪問介護員、社会福祉士などの関係者が必要に応じて情報を共有し、一貫性があり連携のとれたケア内容やサービス提供体制が確保される必要がある。このように、サービスは継続的なものでなければならない。

【コラム】介護支援専門員の1日

介護支援専門員は、1人で30〜40ケースほどを担当し、その業務も多岐にわたります。ここでは、ある介護支援専門員（ケアマネジャー）の1日を追ってみます。

時刻	内容	詳細
8：30	出勤	面接相談室を掃除し、来訪者がリラックスできるように、また、こちらも事務的にならないように、お花を一輪生けて雰囲気づくり。
8：50	朝礼	管理者を中心にケアマネジャーなどスタッフで今日1日の予定を確認。
9：00	準備	サービス担当者会議や更新認定調査の日程調整などでサービス事業者や主治医などの関係先や調査に伺う利用者さん宅への電話連絡と確認。
10：00	訪問	利用者Aさん宅を訪問し、ヘルパーやデイサービスなどを利用してみた状況を確認。
11：30	市役所	認定申請や更新認定調査結果などの書類を提出後、すぐに利用者Bさんのデイケア利用について主治医受診に同行。
12：40	昼休憩	事務所でお弁当をいただく（世間話をする暇もなし、もっと楽しく食べたい…）。
13：00	事業所内カンファレンス	管理者を中心に制度改正や新規開設の事業者についての情報交換と支援困難事例の相談。
13：30	サービス担当者会議	利用者Cさん本人に参加いただきたくて、デイサービス利用中に会議室を借りて実施。ケアプランの見直しについて協議。
14：30	訪問	利用者Dさんから、今後の生活に不安の訴えがあったため、面接。
15：30	見学	新規開設のデイサービスを見学し、情報を収集。
16：30	事務所	留守にしている間の出来事やかかってきた電話の対応。
17：20	打合せ	スタッフ全員で、今日1日の状況や今夜、明日にしなければならないことの確認。
17：50	記録	本日分のモニタリング記録整理、サービス担当者会議録の作成（今日も残業か…）。
20：00	利用者から緊急コール	利用者Eさんの妻から「夫が酒を止めないし、トイレも失敗するので注意したら叩かれて喧嘩になっている、いつもこんなふうだ、こんな家にいられない！」と泣きながら電話が入り、緊急訪問して話を聞く。

どうですか？　ケアマネジャーさんは1日のなかでこんな業務をこなしながら仕事をしています。決して楽な仕事ではありませんが、利用者さんの生活が少しでも豊かに、そして実りあるようにと願いながら日々の仕事に取り組む姿に、専門職としてのたくましさを感じませんか？

Learning6　ケアマネジメントの制度・施策

10　障害者施策にみるケアマネジメント

■養護学校卒業後の地域生活支援

　ダウン症候群であるＦさんは、養護学校卒業後、自宅で何することなく生活していたが、母親の介護負担が重く、本人も日中に何かをしたいと考えていた。Ｆさんは、障害者自立支援法が施行されたのにともない障害程度区分の認定を受け、指定相談支援事業者にサービス利用計画作成の依頼を行った。指定相談支援事業であるＡ地域生活支援センターのＢ相談支援専門員は、本人の希望などの相談を受けて、ケアマネジメントの導入を図るために家庭訪問し、家族と本人と面談のうえでどのような生活を望んでいるのかを明らかにするためのニーズアセスメントを実施した。Ｂ相談支援専門員は、Ｆさんの閉じこもりがちな生活で運動不足となり、肥満となっていることから生活習慣病の予防をどうするか悩み、地域自立支援協議会（p.58参照）に提案することを考えた。その後、サービス利用計画が作成され、サービス調整会議を経て、月曜日から金曜日まで日中は地域福祉作業所を利用し、肥満の解消と生活習慣病予防のため、日曜日に保護者の自主運営によるスイミング教室を利用することになった。

1．支援費制度から障害者自立支援法におけるケアマネジメントの位置づけ

　障害者の福祉サービス提供システムとして、2003（平成15）年に支援費制度が導入された。支援費制度は、それまでの措置の仕組みを改め、利用者が自ら選択して直接事業者と契約を結び、サービスを利用する仕組みとなったが、ケアマネジメントは制度化されず、また、身体障害者、知的障害者、障害児の一部において実施され、精神障害者福祉分野は対象とならなかった。

　この時、ケアマネジメントの制度化がなされなかったことにより、身体障害者や知的障害者などに、障害福祉サービスの選択、自己決定の尊重など、サービス利用を支援する相談機関が必要とされ、市町村障害者生活支援事業、障害児（者）地域療育等支援事業、精神障害者地域生活支援センターなどの相談支援を実施する機関が位置づけられた。ただし、必ずしもケアマネジメントを導入することを前提として考えられたわけではなく、単一の補装具の交付だけでも相談支援を行うことになっていた。

　2006（平成18）年から施行された障害者自立支援法においては、ケアマネジメントを制度化するという観点から、サービス利用計画作成費を支給する仕組みとなった。ただし、すべての障害者がサービス利用計画作成費の支給の対象となるわけではなく、特に計画的な自立支援を必要とする障害者を計画作成対象障害者として市町村が決定した場合に限られている（図10－1）。

　先のＦさんの事例は、Ａ市から計画作成対象障害者としての決定を受けており、指

図10-1　障害者自立支援法におけるサービス利用の流れ

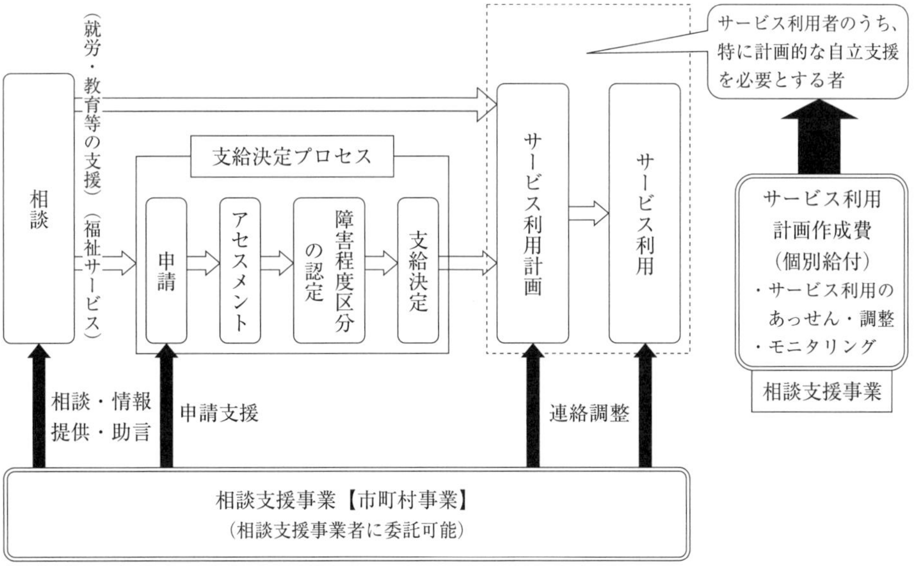

資料　厚生労働省　2006年

定相談支援事業者であるＡ地域生活支援センターにサービス利用計画の作成を依頼することができた。Ｆさんから依頼を受けた指定相談支援事業者であるＡ地域生活支援センターでは、所属しているＢ相談支援専門員がＦさんの地域生活を支援するために、アセスメントを実施し、サービス利用計画（案）を作成した。

　そのサービス利用計画（案）は、Ｆさんが利用しようとする地域福祉作業所（地域活動支援センター）などの法定サービスだけでなく、スイミング教室など法定外のサービスも組み合わせて作成され、その案を基にＦさんも同席してサービス担当者会議を開催し、地域の社会資源がＦさんのニーズに合致しているかを検討しながら合意され、その計画に基づいて、サービス提供者とサービス利用の調整が図られた。市町村は、このような一連の相談支援に要する費用に対して支給すべき額の限度において、Ｆさんに代わりサービス利用計画作成費を指定事業者に支払うことになっている。

　障害者自立支援法では、精神障害者を含む３障害すべての支給決定対象者がサービス利用計画作成費の支給の対象となるが、その支給の対象者は、地域生活においてパワレスな状態にある障害者に限定されている。ケアマネジメントの視点からみると、地域生活においてパワレスな状態の障害者が、すべて計画的な自立支援を必要とする障害者であると市町村によって判断されるかという問題点は残ってくる。

２．相談支援における市町村の役割

　市町村は、障害者自立支援法第２条第２項に規定されているように、「障害者等の福祉に関し、必要な情報の提供を行い、並びに相談に応じ、必要な調査及び指導を行い、並

びにこれらに付随する業務を行うこと」とされている。そのため、市町村地域生活支援事業において、相談支援は必須事業として位置づけられている。地域生活支援事業における相談支援は、市町村が自ら実施するか、Ａ地域生活支援センターのような指定相談支援事業者に委託することができる。

　これらの市町村地域生活支援事業の障害者相談支援事業においては、福祉サービスの利用援助、社会資源を活用するための支援、社会生活力を高めるための支援、ピアカウンセリング、権利擁護のための必要な援助、専門機関の紹介、地域自立支援協議会の運営などが行われる。この事業は、相談支援の基礎的な事業であることから、地方交付税による財源でまかなうこととなっている。また、市町村の相談支援事業を強化するため、市町村相談支援強化事業、成年後見制度利用支援事業、住宅入居等支援事業（居住サポート事業）が補助事業として実施される。

　市町村相談支援強化事業は、市町村が単独または共同で実施し、市町村の相談支援事業の強化を図るために必要と認められる専門的職員（社会福祉士、保健師、精神保健福祉士等）を配置し、困難ケース等について当事者、家族等への専門的な相談・助言等の支援や相談支援事業について地域や事業者間に過大な格差が生じることなく全体として水準の向上につながるよう、地域自立支援協議会を構成する相談支援事業者・関係機関等に対して専門的な指導・助言等の支援を行う。

　例えばＢ相談支援専門員は、地域自立支援協議会に参加し、Ｆさんの生活習慣病を予防するため、Ｆさんの了解を得て地域に適当な社会資源がないか話し合いの場に課題を提出した。Ｂ相談支援専門員は、地域自立支援協議会で保護者が運営するスイミング教室があることを知り、早速サービス利用計画として検討することにした。Ｆさんは、これらの相談支援を受けて、養護学校卒業後の地域生活を送ろうとしている。

３．相談支援事業者

　障害者自立支援法におけるケアマネジメント機関である相談支援事業者は、障害者への総合的な相談支援、サービス利用につなげる支援（サービス利用計画作成費の支給を受けられる）を行い、その業務を行うには都道府県知事から指定を受けなければならない。そのため、指定を受けようとする相談支援事業者は、障害者自立支援法第45条に規定する指定基準を満たす必要がある。具体的には、厚生労働省令で定められており、事業所ごとに相談支援専門員を常勤換算で１名以上配置し、管理者は、事業者ごとに専従の管理者を置くことになっている。

　また、相談支援事業者には、都道府県知事から指定を受けた「指定相談支援事業者」のうち、市町村から障害福祉サービスに係る支給決定事務のプロセスにおけるアセスメント・サービス利用意向の聴取などの委託を受けた「委託相談支援事業者」がある。なお、委託を受けていない指定相談支援事業者は、支給決定事務のプロセスにおけるアセスメント・サービス利用意向の聴取を行うことはできない。市町村相談支援強化事

図10-2 地域における相談支援体制について

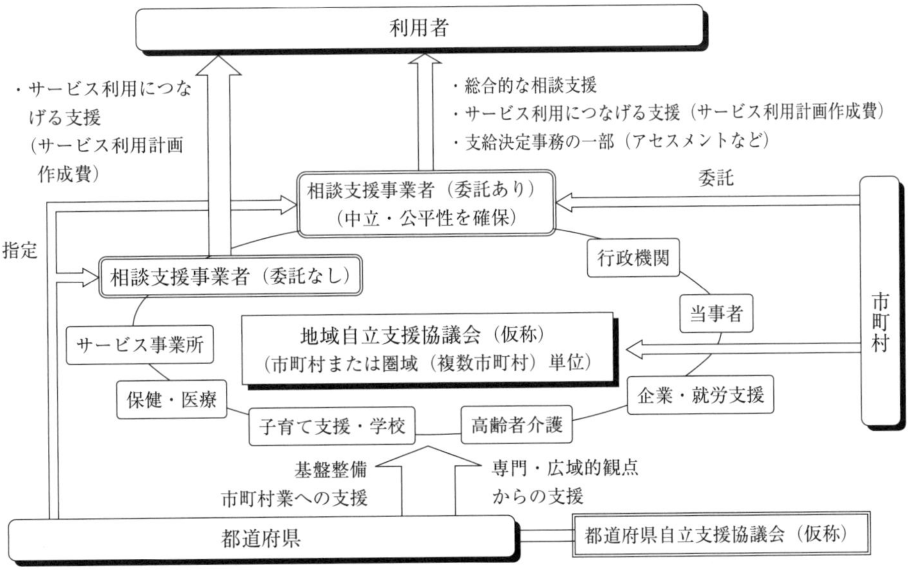

資料 厚生労働省 2006年

業における専門的職員による総合的な相談支援は、委託相談支援事業者が行うことになっている。

4．相談支援専門員の要件と役割

指定相談支援事業者には、相談支援専門員の配置が義務づけられている。相談支援専門員は、障害特性や障害者の生活実態に関する知識と経験が必要であることから、実務経験と障害者ケアマネジメント研修（相談支援従事者研修）の受講を要件とされている。なお、相談支援専門員は、都道府県が実施する現任研修を5年に1回以上受講することになっている。

実務経験の対象となる業務は、障害者の保健、医療、福祉の分野における相談支援その他の直接支援、あるいは障害者の就労、教育分野における相談支援となっている。これらの実務経験をもつ人は、国または都道府県の実施する障害者ケアマネジメント研修（5日間程度）を受講し、相談支援専門員になることができる。過去に障害者ケアマネジメント従事者研修を受講した人は、障害者自立支援法における相談支援従事者研修（1日程度）を受講することになっている。なお、相談支援専門員の確保を円滑に行うために、現在、相談支援に従事し、実務経験の要件を満たす者のうち、これまでに障害者ケアマネジメント従事者研修を受講していない者は、国または都道府県の実施する障害者ケアマネジメント研修（相談支援従事者研修）を受講することを要件として、相談支援専門員の業務を行うことができる。

ちなみに、先の事例のB相談支援専門員は、平成11年度に国が主催する障害者ケア

マネジメント従事者指導者養成研修を受講し、A地域生活支援センターにおいて、障害者の相談支援を行ってきた。そこで、相談支援専門員の要件を満たすために、平成18年度に県が主催する相談支援従事者研修の第1日目だけを受講し、その要件を満たした。

相談支援専門員は、運営基準により、①生活全般に係る相談、サービス利用計画の作成に関する業務、②利用者の居宅を訪問し、面接によるアセスメントの実施、③サービス利用計画の原案を作成、④サービス担当者会議を開催し、サービス利用計画の原案の内容について意見を聴取する、⑤サービス利用計画の原案の利用者等に対する説明、文書による同意を得る、⑥月1回以上、利用者の居宅を訪問し、モニタリングを実施する、⑦必要に応じ、サービス利用計画の変更を行う、⑧利用者や地域の状況等を勘案したうえで、社会生活力向上支援、ピアカウンセリング等の支援を必要に応じて実施する等の役割を担っている。

B相談支援専門員も、この運営基準にしたがって、Fさんに対して家庭訪問を行い、アセスメントを実施して、サービス利用計画を作成したのである。

5．地域自立支援協議会の役割

地域自立支援協議会は、「市町村自立支援協議会」と「都道府県自立支援協議会」があり、それぞれ異なった役割を担っている。

市町村自立支援協議会は、市町村における障害者の生活を支えるために、相談支援事業をはじめとする地域のシステムづくりの協議の場である。実施主体は、市町村であるが、複数の市町村による共同実施も可能であり、また障害保健福祉圏域での実施も想定されている。

その構成員は、相談支援事業者、福祉サービス事業者、保健・医療・学校・企業、高齢者介護などの関係機関、障害当事者団体、権利擁護関係者、地域ケアに関する学識経験者など、障害者の地域生活を支えている人たちで、市町村町が選任する。この協議会は、福祉サービス利用に係る相談支援事業の中立・公平性の確保、困難事例への対応のあり方に関する協議・調整、地域の関係機関によるネットワーク構築等に向けた協議、市町村障害福祉計画の作成・具体化に向けた協議などを行う。特に、相談支援事業者が、所属する事業所の利益誘導のためにサービス利用計画を作成することがないよう監視し、利用者主体のサービス提供を推進する役割は特に大切である。

都道府県自立支援協議会は、都道府県内の圏域ごとの相談支援体制の状況を評価したり、市町村格差が生じないよう体制整備などの指導・助言及び専門的分野における支援方策などについて情報・知見を共有・普及する。

その構成員は、市町村、相談支援事業者、地域ケアに関する学識経験者で都道府県知事が選任する。この協議会は、具体的には、前年度の事業報告及び収支決算、年度の事業計画及び収支予算、相談支援事業者の研修のあり方などについて協議するとと

図10－3　相談支援体制の整備について

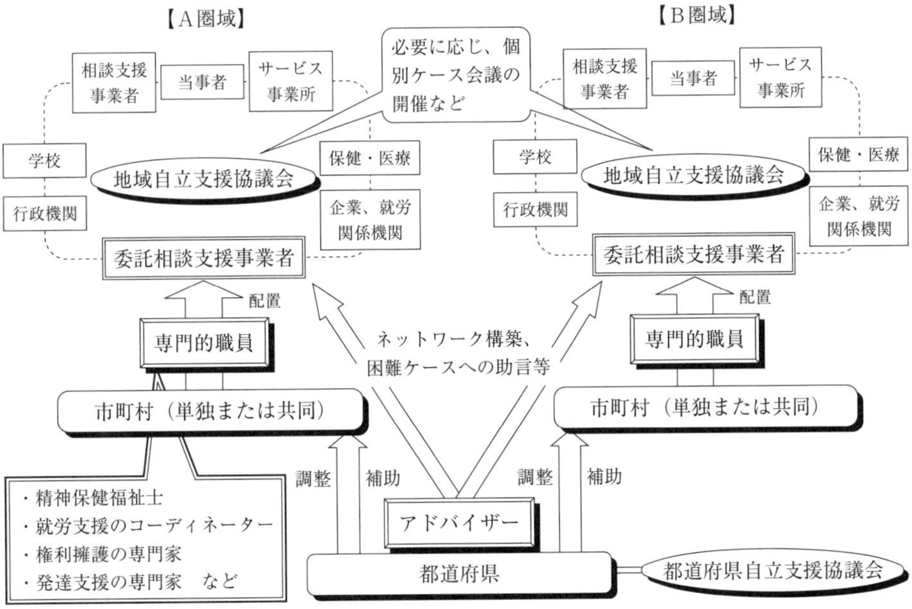

資料　厚生労働省　2006年

もに、市町村における相談支援体制の状況を評価し体制整備の方策を助言する。また、専門的分野における支援方策について情報・知見を共有・普及することになっている。

　これらの相談支援体制を整備するため、「都道府県相談支援体制整備事業」が創設され、広域的な支援を行うアドバイザーが配置される。このアドバイザーは、都道府県自立支援協議会において職種や人員などについて協議し、地域における相談支援体制整備に実績をもっている者、相談支援事業に相当期間の従事した経験をもつ者、障害者支援に関する高い見識をもっている者などである。その業務は、地域のネットワーク構築に向けた指導・調整、地域では対応困難な事例に係る助言、地域における専門的支援システムの立ち上げの援助（例えば、権利擁護専門部会、就労支援専門部会など）、広域的課題・複数圏域にまたがる課題解決に向けた体制整備への支援、相談支援従事者のスキルアップに向けた指導、インフォーマルな資源を含む地域の社会資源の点検・開発に関する援助などを行う。

　B相談支援専門員は、指定相談支援事業者であるA地域生活支援センターに勤務しているが、地域自立支援協議会の役割は重要であると考え、地域自立支援協議会でFさんの地域生活を支えるためには、地域に障害者が利用できる公的なスイミング教室の社会資源を開発するよう働きかけることにした。今すぐに実現するのは難しいが、長期的な社会資源開発の計画のなかで検討することが話し合われた。

【参考文献】
坂本洋一『図説よくわかる障害者自立支援法』中央法規出版　2006年

Learning6　ケアマネジメントの制度・施策

11　さまざまな分野のケアマネジメント

■　福祉事務所による母子世帯へのケアマネジメント

　Aさん（23歳）は高校を卒業して1年間のアルバイト経験後、20歳の時に結婚。出産後は専業主婦であったが、夫の暴力と女性問題が続いたので離婚し、長男のB君（3歳）とX県Y市内のアパートで暮らす母子世帯である。前夫からの養育費はなく、内職と預貯金を消費して生活している。離婚して3か月が経過したころ、Aさんは長男と朝から晩まで一緒に過ごす生活に疲れを感じ、自身の寂しさをB君に八つ当たりするようになってしまった。友人に相談すると「子どもを保育所に預けて働いたら」とアドバイスされたので、保育所の申込みのためにY市福祉事務所に出向いた。

　福祉事務所の子ども家庭福祉課に所属するソーシャルワーカーは、①現在、保育所の空きがないこと、②保育所に空きが出たら入所についての審査を行うこと、③就労希望であれば保育料は高いが民間の保育サービスがあること、④育児について不安があれば、気軽に相談できる保健師を紹介できることをAさんに伝えた。Aさんは「民間サービスの保育料は高いので、保育所に空きが出るまで就労は待ってみます。子育てについてはいろいろと保健師に相談したい」と話したので、ソーシャルワーカーは保育所の入所申込書を受理し、Y市保健センター（市民健康課）の保健師を紹介した。

　数日後に保健師がアパートを訪問。Aさんの思いを受けとめるため定期的に訪問することにし、アパートの近くにある地域子育て支援センターを紹介した。1週間後に保健師とセンターに出かけ、Aさんは子育てサークルに参加してみることにした。

　半年が経ち、保健師による訪問や地域子育て支援センターの利用によって落ち着きを取り戻した矢先に、Aさんは急病により入院してしまった。子どもを預ける身寄りのないAさんに、ソーシャルワーカーはX県児童相談所に長男の一時保護を依頼、同時にAさんの入院先に訪問し「長男の生活は心配ない」ことを伝えると、Aさんから「預貯金が少なく入院費が支払えない」と相談されたので生活保護の相談をすすめ、Aさんも了解した。そこで、ソーシャルワーカーは生活保護課のソーシャルワーカーに状況を伝えたところ、3日後に生活保護課のソーシャルワーカーが病院に訪問し、Aさんは生活保護の申請を行った。

　入院から1か月が経過した。生活保護が開始されたので医療費や今後の生活費の心配はなくなった。退院が翌週に決まったので、ソーシャルワーカーはAさんから今後の生活についての希望や不安を聴いたうえで、保健師、生活保護の担当ソーシャルワーカー、児童相談所の児童福祉司、地域子育て支援センターの担当者、入院先の医療ソーシャルワーカーとカンファレンスを開催して、Aさんの退院後の生活についての役割分担を検討した。

1．福祉事務所

　社会福祉法には「都道府県及び市（特別区を含む）は、福祉事務所を設置しなければならない」とあり、都道府県・市・特別区（東京23区）は必置義務になっている。

また同法には「町村は福祉事務所を設置することができる」とあるが、町村では全国で8つの自治体のみが設置しており、ほとんどの町村には設置されていない。

これら福祉事務所を設置していない町村を担当するのが「都道府県（郡部）福祉事務所」であり、市や特別区、全国8つの町村に設置されているものは一般的に「市部福祉事務所」と呼ばれている。この事例はX県Y市なので、Aさんが相談に行ったのは市部（Y市）福祉事務所である。

業務は社会福祉六法に定められた援助であるが、その範囲は社会福祉法で規定されている。都道府県福祉事務所は生活保護法、児童福祉法、母子及び寡婦福祉法に関する援助を行う「福祉三法事務所」であり、市部福祉事務所は身体障害者福祉法、知的障害者福祉法、老人福祉法を加えた「福祉六法事務所」と整理することができる。

しかし1990（平成2）年の福祉関連八法の改正、2000（平成12）年の介護保険法の施行、2003（平成15）年の知的障害者福祉法の業務の町村移譲、障害者の支援費制度や障害者自立支援法の施行によって福祉事務所や町村の業務は大きく変化しており、従来と変わっていないのは生活保護法に関する業務のみとなっている。

次に組織であるが、市部福祉事務所は単独の建物で設置されていることは少なく、多くの自治体では「本市では、生活保護課・高齢福祉課・障害福祉課・子ども家庭福祉課の4課を、社会福祉法の『福祉事務所』とする」と条例で規定し、市役所の社会福祉所管部局の内部組織として位置づけている。よって市役所に行っても「福祉事務所」という看板はなく、事例のAさんも「Y市福祉事務所に行った」というより、「Y市役所の子ども家庭福祉課に行った」という感じであろう。

現在の都道府県福祉事務所は、近年の市町村合併により業務だけでなく設置数も縮小している。また福祉事務所と保健所が統合されて「X県○○○保健福祉事務所」という組織で、単独で建物が設置されていたり、都道府県の合同庁舎に設置されている。しかも設置されている場所は町村でなく近隣の市が多いので、町村の住民は自分たちを管轄している福祉事務所の所在地を知らずにいることも多いのが実情である。

事例はAさんがY市福祉事務所の子ども家庭福祉課に、保育所の利用相談に行ったところから支援が開始されている。福祉事務所には相談援助を担う「ソーシャルワーカー」と呼ばれる専門職が配置されており、事例のようにAさんの生活ニーズに対して支援を実践している。

ソーシャルワーカーが「利用者の生活ニーズを把握するためにアセスメントを行い、生活ニーズから目標を設定して支援方針（ケアプラン）を作成し、支援方針を実施するにあたってカンファレンス（ケア会議）を開催する」という過程は、ケアマネジメントの展開過程と同じといえる。よって福祉事務所でもソーシャルワーカー（事例では子ども家庭福祉課に所属）がケアマネジメントを実践しているといえよう。

なおAさんが退院して長男との生活が再開され、自立生活に向けた支援を展開する過程になった際は、生活保護課のソーシャルワーカーにケアマネジャーが変更される

こともある。

2. 保健センター

　地域保健法には「市町村は市町村保健センターを設置することができる」とあり、都市部では設置されていることが多いが、設置されていない市町村では役所・役場の老人保健法や母子保健法所管の部署が担当をしている。業務としては老人保健法に基づく成人の健康診査や事後指導、機能回復訓練、母子保健法に基づく妊産婦や乳幼児の健康診査や事後指導、精神保健に関する相談等を行っている。センターで中心的な役割を担っているのは保健師で、事例にあるように子育てに関しての相談にも対応している。なお市や区の場合、福祉事務所と統合されて「保健福祉センター」として設置されていることも多い。

　事例ではAさんが最初に相談した、子ども家庭福祉課のソーシャルワーカーがケアマネジメントを行っているが、AさんがY市保健センターに子育てについての相談に行ったとしたら保健師がケアマネジャーになったであろう。

3. 児童相談所

　児童福祉法には「都道府県は児童相談所を設置しなければならない」とあり、また「指定都市等（児童相談所設置市）は設置できる」と規定されている。その目的は児童の福祉を図るとともに、その権利を保護するための相談援助活動を行うことであり、児童福祉行政の中枢的な行政機関である。業務は児童に関するあらゆる相談援助活動といえるが、2005（平成17）年4月に法改正があり、新たに児童相談の第一次的実施機関として法定化された市町村に対しての専門的知識や技術の支援が加えられた。

　事例ではAさんが急病により入院したので、Y市福祉事務所のソーシャルワーカーは長男への短期的支援方針として「児童相談所への一時保護」としたので、Y市を管轄するX県児童相談所に依頼をしている。Aさんの入院が長期になれば、児童相談所の児童福祉司により長男の児童養護施設への措置も検討されるであろう。

　なお事例では子ども家庭福祉課のソーシャルワーカーがケアマネジメントを行っているが、Aさんによる虐待が日常的にあったことがわかり、今後の長男の生活について検討が必要になるとしたら児童福祉司への担当変更も考えられる。

4. 地域子育て支援センター

　子育てを地域全体で支援するために、子育て家庭に対して育児不安の相談、子育てサークルへの支援、特別保育事業の実施、地域の保育資源の情報提供などを行うことを目的に設置されている。実施主体は市町村が指定することになっているが、現状では保育所に併設されていることが多く、その場合は保育士資格者が地域子育て支援センターの相談援助を担当している。

事例ではＹ市保健センターの保健師の紹介により、Ａさんが地域子育て支援センターで実施している子育てサークルに参加したが、Ａさんが地域子育て支援センターに直接相談に行ったとしたら、その担当の保育士がケアマネジャーになったであろう。

5．医療機関

入院病床数が多い病院には医療ソーシャルワーカーが配置されており、入院や通院患者のために相談援助活動を行っている。

事例では子ども家庭課のソーシャルワーカーの依頼により、入院中のＡさんの退院後の生活に関するカンファレンスに参加しており、今後の通院や退院日の調整について協力してくれる。なおＡさんが事前に行政機関や相談援助機関への相談がなく、救急搬送されてから病院で相談が開始されたとしたら、医療ソーシャルワーカーがケアマネジャーになったであろう。

【参考文献】
吉田宏岳・後藤卓郎編『新選　社会福祉』みらい　2004年
小木曽宏　他編『よくわかる社会福祉現場実習』明石書店　2005年

【コラム】ケアマネジャーは、誰？
　事例では福祉事務所におけるケアマネジメントと支援の実際を紹介しましたが、保健センター、児童相談所といった行政機関でもケアマネジメントは展開されています。高齢者や障害者分野においては、ケアマネジャーが制度的に位置づけられていますが、その他の分野では「どの機関の、誰がケアマネジャーを担当するか」は決まっていないのが現状で、事例ではＡさんが子ども家庭課に相談に行ったことにより援助が開始されています。このように「インテーク」を担当した機関のソーシャルワーカー（または保健師・児童福祉司）がケアマネジャーとなる場合が多くなっています。
　行政機関には各福祉法、各保健法ごとに多くのソーシャルワーカーや保健師といった専門職が配置されています。ケアマネジメントを効果的に展開していくためには行政機関の専門職の業務を理解するとともに、機関内の連絡調整も重要となっています。

第2部
実 践 編

Learning 7　ケアマネジメントの展開過程とインテーク

12　ケアマネジメントの展開過程

■ケアマネジメントの展開過程の視点

　ケアマネジメントは生活機能が低下し、日常生活などが困難な人びとに対して、個々のその人らしい自立支援と生活の質（QOL）の向上を目指して、総合的に支援を継続していく方法論である。しかしケアマネジメントの目的は、単にサービスを組み合わせて提供するためでなく、またそのためのケアプランを作成して終わるものではない。ケアマネジメントは目標指向型アプローチといわれているように、達成可能な目標と期間を限定し、チーム力を結集していく方法を繰り返し、ステップアップしていく過程が重要視される。なぜなら、それぞれの過程において当事者の能力や意欲が高まり、地域の社会資源の組み合わせや開発、見直しを通して、コミュニティの課題解決力を高めていく地域社会に目を向けているからである。この利用者の自立支援と地域の社会資源の協働による効果を確認し、積み上げていくケアマネジメントの展開は、段階的に　①入口（ケースの発見）→②アセスメント→③ケアプランの作成→④ケア会議（サービス担当者会議）→⑤モニタリング→⑥再アセスメント→⑦ケアプランの見直し→⑧評価（終結）、のプロセスを踏んでいくことにより可能となり、これを繰り返していくために循環サイクルで進められていくとみることもできる。

　ケアマネジメントを学び、力をつけていくためには、この展開過程の一つひとつにおいて利用者と援助者のさまざまなかかわり方による変化を具体的に事例から学ぶことが重要である。

1．ケアマネジメントの展開過程の重層的な展開

　ケアマネジメントの展開過程の順序は先に示したとおりであるが、これは、それぞれの過程ごとに基本となるポイントがあり、アセスメント抜きにケアプランが作成されたり、ケアプランなしにサービス利用が開始されることは、緊急時の暫定ケアプランなどの場合は別として、ケアマネジメントの原則に即したアプローチとはいえないものである。しかし、1つの段階が終わってから次の段階に着手するのではなく、実践場面においては次のプロセスを意識して、図12−1のように重層的に展開していくことになる。このことを理解しておかないと、「アセスメントは終わったがケアプランに何を書いていいかわからないからない」とか「目標の書き方がわからない」といった壁にぶつかる。

　したがって実践的な方法を学ぶには、ケアマネジメントの展開過程を形式的に断片的に理解するのでなく、ケアマネジメントの目的を踏まえたうえで、利用者への質問や情報提供・確認を重ねて自立支援の課題を共通認識し、意欲的に取り組める目標や受け入れ可能な支援を双方向の協働のかかわりのなかで同時進行していくチームアプ

図12-1 ケアマネジメントサイクルの重層的な進行

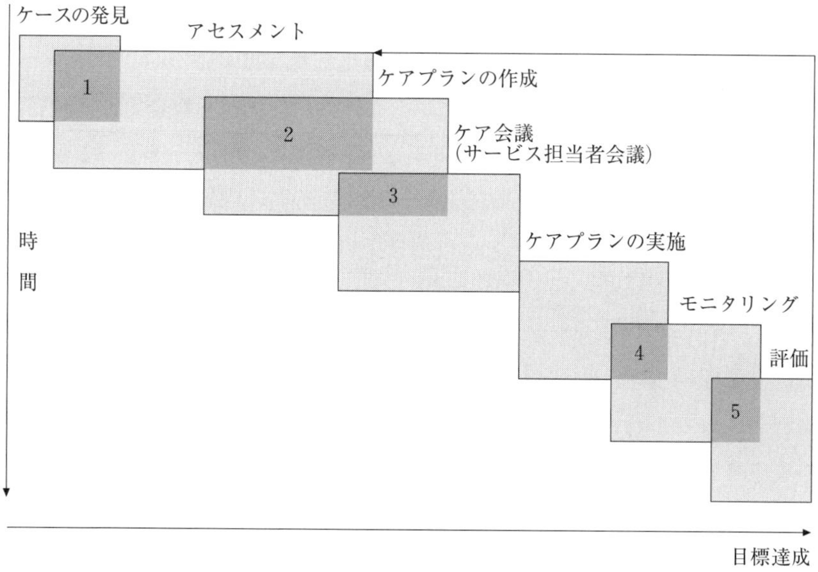

```
ケースの発見
   1     アセスメント
         2      ケアプランの作成
                        ケア会議
                      （サービス担当者会議）
                  3
時                         ケアプランの実施
間
                                モニタリング
                                   4
                                       評価
                                        5

                                              目標達成
```

ローチであることを学ばなければならない。ここでは、この重層的な展開過程に沿って解説していきたい。

2．ケースの発見とアセスメントの重なり

図12-1のケースの発見とアセスメントの重なり（1の部分）である。

ケースの発見では、直接あるいは間接的に援助を求めてきたクライエントが、ケアマネジメントの対象者となる人であるかどうかスクリーニングが行われる。介護保険制度におけるケアマネジメントのように居宅介護支援の対象となるためには要支援・要介護認定を受けていることが条件づけられている。なお、要介護認定の結果が未定であっても認定申請をしているか否かの確認が必要になる。また、要介護認定を受けていても医療保険の適用を受けて入院中であれば、居宅サービスは利用できないなどの制度上の制約がある。

このようにスクリーニングするための確認において、既に現在あるいは過去の生活実態をある程度把握することになるが、これらの情報はアセスメントの基本情報であったり、要支援・要介護の程度を推し図る健康やADLに関する情報に及ぶものもある。ケースの発見が取り次ぎの受付機関であっても、またケアマネジャー以外のスタッフが受付ても、アセスメント情報として引き継いでいかなければ質問の重複や時間のロスが生じることになる。また、昨日までどうしていたか、なぜ代理人が相談に来たのか、代理人と利用者との関係など、受付時点だからこそ把握しやすい情報もあるので、受付とアセスメントの重なる部分の実態把握を意図的に行うことにより次のアセスメントを深めていくことができる。

3．アセスメントとケアプラン作成の重なり

図12-1のアセスメントとケアプラン作成の重なり（2の部分）である。

アセスメントは課題分析ともいわれているように生活実態を総合的に把握し、生活困難にいたった原因や背景を分析する。また、生活困難の解決方法としても利用者主体の自立支援の視点から有効な方法を見つけ出すために、課題分析標準項目など（介護保険において実施するアセスメントの項目が示されたもの）に関する質問をし、状況確認のチェックを行っていく。ケアマネジャーは利用者の課題解決に向かう意欲を知り、あるいは失意や困惑などの場面にぶつかることになるが、アセスメントは双方向のコミュニケーションによって進めていくので、ケアマネジャーが提供した情報に対する受け入れやこだわりをキャッチすることができる。つまり、何に困るのか、困りごとをどうしたいのか、専門的な立場からは何が必要なのか、どのように解決する方法があるのかを提案し、わかりやすい説明を繰り返すうちに意欲的な目標を利用者の考えとして引き出していくアプローチになる。ここで、実態把握と同時に分析の視点からケアプランにおける解決すべき課題や目標、支援内容、支援方法の合意点を確認していくプロセスをたどっていけば、アセスメントの過程においてケアプランの原案となる主要項目を利用者は理解し、自らケアマネジメントの主体者として意識化することができる。

4．ケアプラン作成とケア会議の重なり

図12-1のケアプラン作成とケア会議の重なり（3の部分）である。

ケアプランの記載事項はアセスメントで確認したことを、順序だてて記載する業務である。目標達成に向けて活用するサービス内容やサービスの種類、頻度、事業者については、利用者の意向を踏まえると同時に、当該事業者へ事前に提供可能であるかを打診しなければケアプランに盛り込んでも実行不可能となる。サービス事業者もどのような利用者に何をどのように支援するのか、サービス提供の拠り所となる個別サービス計画のアウトラインを把握しておかないと受け入れる体制があるのか判断できない。つまり、ケアプランの原案を確定するためのケア会議（サービス担当者会議）では、ゼロからの検討でなく詳細部分の検討の余地を残しながらも合意が得られそうな内容を盛り込んだケアプランが原案として協議の対象となるのである。

5．ケアプランの実施とモニタリングの重なり

図12-1のケアプランの実施とモニタリングの重なり（4の部分）である。

モニタリングはモニターが語源となっており、継続的に実施状況を把握することを意味する。個別のサービスは個別サービス計画に基づいて提供されることになっており、訪問介護計画や通所介護計画、訪問看護計画などがそれに該当する。したがって

サービス実施状況の把握はサービス提供場面ごとに、計画通りサービスが提供できたか、できなかった場合には、なぜできなかったかなどを振り返る視点である。解決すべき課題（ニーズ）が変わったのか、利用者側か提供者側に何らかの突発的な理由があったのかをチェックしつつ、必要があれば計画の見直しのプロセスに進まなければならない。図12-1の5の部分である。

ケアマネジャーはこれらサービス事業者からのモニタリング報告を定期的に受けつつ、自らも利用者宅を訪問し、ケアプランに位置づけたサービスが計画通り提供されているかを利用者・家族に尋ねたり、提供場面に同席するなど確認することが求められている。つまりモニタリングはサービス提供と同時並行的に行われる部分と、ケアマネジャーの定期的あるいは随時の訪問により確認する2方向の情報管理により成り立っている。

6．初回ケア会議とケアプランの実施は重ならない

図12-1に示したように、緊急時以外ケア会議とケアプランの実施は重ならないようにしたい。ケア会議は、ケアチームの合意形成の場であり、ケアチームメンバーがそれぞれ検討してきたケア計画の原案を修正する必要も出てくる。とりわけ利用者・家族が出席していれば、具体的なサービスの内容や提供方法に関する意見が出てくることも想定できる。援助内容・援助方法が変われば、達成したい目標にも影響が及ぶので、ケアチームメンバーの相互確認も含めて、しっかりした合意形成のうえで援助を開始しないと、チームの結束力がなくなるばかりでなく、既成事実が積み重なることによって、めざすべき援助方針への軌道修正がしにくくなってしまう。

7．利用者の自立支援を目指す、利用者主体のアプローチ

以上のようにケアマネジメントの展開をプロセスごとにみていくと、ケアマネジャーが主体となっているかのように誤解される場合がある。ケアマネジャーの業務は多岐にわたり、なおかつ継続的にきめ細かなかかわりが求められるが、主体は利用者であることを忘れてはならない。利用者がどのような主体性を発揮することができるか、多角的な視点からサポートしていく専門職としてのスキルアップを13〜17の事例検証を通して考えていこう。

■演習課題
① アセスメントやケアプランなどのプロセスを経ないで、必要なサービスを提供した方が、自立支援に早くつながるという利用者の考え方に対して、あなたはケアマネジメントの必要性をどのように説明しますか。
② ケアマネジメントでは、利用者の意向が把握できない認知症の人や意思表示ができない人もいますが、そのような場合にはケアマネジャーの判断で進めていいのですか、という質問にグループで話し合ってみましょう。

Learning7　ケアマネジメントの展開過程とインテーク

13　ケースの発見（インテーク）

> ■ケースの発見とは
> 　ケアマネジメント機関に直接的にあるいは間接的に寄せられる相談や困りごとの概要を把握し、ケアマネジメントの支援が必要であるか否かを判断する最初の入口である。ここでスクリーニングやインテーク（受理面接）が行われ、ケアマネジメントの説明や契約などが行われる。同時に、利用者との信頼関係を築く大事な場面でもある。ここでの成否がその後のケアマネジメントの展開を左右するといっても過言ではないので、その手続きをしっかり理解しておきたい。

1．ケースの発見における視点と手続き

（1）ケースの発見のネットワークとアウトリーチ

　ケアマネジメントの概要が関係者の間では周知され、制度化されても、ケアマネジメント機関に当事者が申し込みに来ることはまれである。この背景としては、ケアマネジメントはヘルパーや福祉用具などの直接的なサービス利用の申し込みとは異なり、全体像が理解しにくい要素を含んでいるからである。わかりにくい理由の1つはケアマネジメント機関が併設施設で行われていたり、組織や機関の名称変更が繰り返されて、外面的に実態が把握されにくい環境にあることを踏まえておきたい。また、ケアマネジメント機関にたどり着くまでに、何人かの口添えや関係機関の紹介などでつなげられる場合もある。したがって受付に至った経過をたどると、関係機関のネットワークや一般住民の制度に対する周知度を把握することができる。ケースの発見が手遅れにならないためには、相談窓口や関係機関の協力など、日常的なネットワークが重要である。詳細な情報が届かなくても、民生委員や地域の世話人などの通報に対して、フットワークのよいアウトリーチ機能が充実していれば、迅速なケースの発見の糸口となり、ケアマネジメントの対象者であるか否かを見極め、早期にケアマネジメントを開始することができる。

（2）インテークは信頼関係の構築が基本

　インテークは受理面接ともいわれ、援助者とケアマネジメント候補者とのはじめての出会いである。警戒心を解き、生活に立ち入ることを認める最初の関係づくりは、その後のアセスメントやケアプラン作成においてもスムーズに協働関係がつくれるか否かにかかってくる。対人援助技術やソーシャルワークの基本原則（バイスティックの7つの原則）を充分に活用できるように努力し、自らの実践を振り返り評価することが大切である。

(3) インテークは数回に及ぶ場合もある

　ケアマネジメントの支援が必要であっても、理解が得られない場合や拒否的な場合は、その原因や拒否の背景を分析する必要がある。当事者が信頼している関係者の協力を求めたり、医師や専門機関のバックアップを求めるとインテーク面接は数回に及ぶ場合もある。受付機関としては諦めずに関係を維持していくなかで、徐々に信頼関係が構築されるように働きかけていきたい。

(4) 緊急を要する場合は関係機関に送致

　インテークの受け入れが悪くても、生命や健康に関する緊急事態に陥っているか、危険が迫っていないかの見極めは忘れてはならない。措置等の緊急介入を要する場合は、タイミングを逃さず適切に関係機関に送致することもインテークの役割である。契約により関係が成り立つサービス事業者との関係のみならず、公的な関係機関とその役割を日常的に把握し、日頃からの協力体制を築いておくことが、地域における信頼を得ることにつながる。と同時に危険を予知する力も求められる。

(5) ケアマネジメントの説明と理解・同意・契約

　インテークの前半で良好な関係が築かれると、ケアマネジメントの目的とプロセスを丁寧に説明し、理解を得なければならない。介護保険の居宅介護支援のように複数のケアマネジメント機関のなかから利用者は選択できること（ケアマネジメント機関に依頼せず、ケアプランの自己作成も可能であることも含む）、要介護度などの程度の判定結果によりサービス利用に制限があったり、利用料金に自己負担があることなど複雑な制度の概要は、当事者になってはじめて実感できるものであることをケアマネジメント機関の関係者は心得ておく必要がある。パンフレットや図を用いて丁寧に説明すると同時に、質問やトラブルが発生しやすいプロセスについては事例を用いた説明も有効である。

　いずれにしろケアマネジメント支援の申し込みを受付、契約により支援関係を継続して行う指定された機関であることを説明する「重要事項説明書」を交付し、理解が得られれば契約へと進めていく。

(6) 公平性と守秘義務厳守

　次のプロセスのアセスメントの段階に至ると、利用者や家族の過去から現在に至る生活に深く関係する情報を知ることになる。ケアマネジメントのアウトラインは合意されていても、個人に関する広くて深い情報がなぜ必要なのか、なぜそのようなことに答えなければならないのか疑問をもたれることは少なからず起こる。そのつど生活課題の相互関係や背景・原因を分析することの必要性を繰り返し説明する必要がある。一人ひとりの要支援・要介護問題を公的に支援するために業務上知り得た情報を業務外の関係者に漏らさない「守秘義務」が厳しく課せられており、これを厳守することを伝えていかなければならない。またケアプラン作成の段階においてもサービス事業者などの選択は利用者が主体であり、ケアマネジメント機関やケアマネジャーは常に

公平な立場で利用者の自立支援に従事することを約束しておく必要がある。

２．事例　脳梗塞により左半身まひになったＡさん（退院準備編）

（１）事例概要

　平成17年10月、Ａさん（男性・68歳）は、ゴルフの練習中、頭痛・吐き気をもよおし、救急車で自宅近くのＪ病院に救急搬送された。病名は脳梗塞。左半身まひとなった。１か月後の11月、Ｊ病院での治療後、リハビリテーション目的でＦリハビリテーション病院に転院。寝たきり状態であったが、徐々に回復し、車いすでの座位保持ができるまでになった。

　Ａさんは自宅に帰ることを希望。妻のＢさんも夫の気持ちを尊重し、自宅で介護をしていきたいと考えていたが、どのような手続きをしたらよいか、どのように介護をしていったらよいかわからず、Ｆリハビリテーション病院のＨ医療ソーシャルワーカー（以下Ｈワーカー）が相談に応じることとなった。Ｈワーカーは退院が近づいた平成18年１月に、在宅介護を行うために介護保険サービスの利用をＡさん、妻のＢさんに勧め、要介護認定の申請手続きをした。約３週間後に要介護認定の結果通知が来ることを想定してＨワーカーは、ケアプラン作成のためＡさんの自宅に近いＮ居宅介護支援事業所を紹介した。

　以下の経過は、Ｎ居宅介護支援事業所の介護支援専門員であるＥケアマネジャーを中心としたやり取りである。

（２）経　過

■平成18年２月３日　Ｆリハビリテーション病院のＨワーカーより電話

　Ｈワーカーより入院中のＡさんについて相談がある。Ａさんは、ゴルフの練習中に倒れ、病院に救急搬送された。診断は脳梗塞、左半身まひとなった。昨年11月にリハビリ目的でＦリハビリテーション病院に転院、寝たきりの状態での入院であったが、現在は身体機能も徐々に回復し、30分程度の座位保持ができるようになった。歩行はできないため車いすを使用している。本人は今後、自宅で生活をしたいと希望し、妻Ｂさんも自宅で介護していきたいという気持ちで、ベッドから車いすへの移乗ができるようになれば家で看ていけると考えている。退院の目処がついた平成18年１月、介護保険の要介護認定の申請をした。そこで、在宅へ向けての準備をはじめたいと思うので、ケアプラン作成をＮ居宅介護支援事業所に依頼をしたいとのことであった。

■平成18年２月６日　Ｆリハビリテーション病院訪問

　Ａさん、妻Ｂさん、Ｈワーカーと初回面接。まず、介護支援専門員（ケアマネジャー）の業務内容を説明する。重要事項説明書、契約書について説明し、居宅介護支援の依頼を受ける（正式な契約は後日自宅訪問の際に行うこととなった）。Ａさん、妻Ｂさんより入院に至った経過、現在の状況、今後の意向などを聞く。病院では、退院に向け

ての準備（訓練）がはじまっているが、自宅の準備はまだされていない。妻の話では発症前は公団の4階で生活をしていたが、エレベーターがないため、1階への転居を申請しているという。住宅の状況がわからないため、自宅の状況を確認したいとお願いした。自宅の状況を確認のうえ、再度、本人、関係スタッフと打ち合わせすること

表13－1　Aさんの基本情報

基　本　情　報

受付日：平成18年2月6日（月）　　　　　　受付者：N居宅支援事業所　E介護支援専門員
受付方法：Fリハビリテーション病院H医療ソーシャルワーカーより電話連絡

利用者名	A　（性別　⑨・女）	生年月日	昭和12年10月○日（68歳）
住　　所	K県	電話番号	（000）000－0000
主　　訴	（相談内容）　Aさんは、再雇用先を退職後、これから妻との生活を悠々自適に過ごそうと考えていたが、脳梗塞で倒れJ病院に入院。左半身まひと軽度の認知症が残った。リハビリ目的でFリハビリテーション病院に転院。ベッドから車いすへの移動が自力でできるようになったら退院し自宅での生活をしたいと思っている。まもなく退院ができそうなので、ケアプランを作成してほしい。（妻） （本人・家族の要望） 本人：1日も早く自宅に帰りたいと思っている。ただ歩けなくなってしまったので、なるべく不自由がないようにいろいろと考えてほしい。 妻　：元気であった人が突然車いす生活になってしまったので戸惑っている。本人が自宅に帰りたいといっているので自宅で介護をしようと思っているが、介護するのは私1人なので不安でいっぱい。これからのことを一緒に考えて欲しい。		
生活歴・生活状況	（生活歴） I県生まれ。高校卒業後K県で会社員となる。会社では主に営業を担当していた。25歳の時に結婚。一男一女をもうける。若い頃から地域の活動に参加しており、近隣に友人が多い。60歳で退職。67歳まで再雇用で働く。	（家族状況） 本人□─○ 妻 　　│ 　┌─┴─┐ 　□　　○ 長男：海外　長女：同市在住 　勤務　　　会社員（土・日休）	
病　　歴	（経過・病歴等） 35歳　　　虫垂炎手術 40歳代～　高血圧症　内服加療 55歳　　　心房細動 67歳　　　脳梗塞　左半身まひが出現	（主治医） Lクリニック M医師（内科） ・会社の近くのクリニックが入院前の主治医 Fリハ病院 G医師（リハビリ科）	
日常生活自立度	障害老人の日常生活自立度	B2	痴呆性老人の日常生活自立度	Ⅱa
認定情報	新規申請中		
課題分析理由	新規ケアプラン作成のため、アセスメントを行う。		
利用者の被保険者情報	国民健康保険 厚生年金（老齢）		
現在利用しているサービス	入院中につき、医療保険以外にサービス利用はない。		

にした。

3．事例を通して受付の役割を検証する

　Aさんの事例から、受付においてどのようなことを確認し、次の展開過程へつなげていくのかを整理しておきたい。

①受付に至った経過から利用者の状態像を予測する。ちなみに、Aさんは急性期の医療機関から、Fリハビリテーション病院転院後約2か月で、ベッドから車いすへと自力で移動が可能なレベルに近づいていることがわかる。このことからリハビリテーション病院としての関わり方や、本人のリハビリテーションへの取り組み状況と妻の協力度を推し量ることができる。

②相談に至るまでの経過から、関係機関の果たした役割を理解する。この事例の場合は、Fリハビリテーション病院のHワーカーがその役割を果たした。

③相談（来所）者と本人との関係を把握する。キーパーソンとしての役割を果たしてくれるのか、複数のキーパーソンがいるのか、単なる取り次ぎの者か確認する。妻のBさんの他にも家族や親戚などに相談相手がいるかどうかを把握する場合もある。

④来所者の制度に対する理解度や相談の趣旨が明確であるか、今後の協力者として期待できるのかを確認する。

⑤退院相談の場合には、アセスメントに向けて以下のことを把握しておくとよい。

- 現在の入院生活がいつまで可能か、退院の予定日時が既に決定しているのか。
- 退院後も継続的に通院するのか、入院が再度必要になった場合には受け入れてくれるのか。
- 入院前の主治医にかかりたい場合、入院中の経過報告はしてくれるのか。
- 退院に向けて一時帰宅や外泊はできるのか。
- 退院後の生活の準備をする際に、病院の看護師やリハビリテーションスタッフは家庭訪問をしたり、相談に乗ってくれるのか。

■主任ケアマネジャーからのコメント

　Aさんを紹介してきたFリハビリテーション病院のHワーカーと、E介護支援専門員とは日頃から連携のネットワークができている関係のようですね。Hワーカーの勧めで平成18年1月に要介護認定の申請を済ませ、約1か月後には認定結果が出る予測のもとで同年2月にE介護支援専門員に相談してきたタイミングは、制度を熟知したアプローチです。Fリハビリテーション病院では、どういう状態になれば退院できると、Aさんにも妻のBさんにもリハビリテーションの目標を伝えていました。このことにより、AさんもBさんも退院が近づいていることをそれぞれ実感し、楽しみであると同時に、退院後の生活への準備や不安を抱き始めた時期に、介護保険の制度利用に着手できたことは、入院生活から在宅生活へのスムーズな切り替えに必要な準備期間を見越したタイミングであると評価することができます。このようなHワーカーとE介護専門員の関係は一朝一夕にできるものではなく、一般的には院内で退院が確定してから居宅介護支援の申し込みにきたり、介護保険の認定申請もしないまま退院し、居宅介護支援事業所にケアプラン作成の依頼があっても、認定の予測ができない場合もあります。

　なお、HワーカーはAさんのケアプラン作成申し込みの取り次ぎはしましたが、Aさん、妻のBさんのことを客観的な立場で把握しており、退院後の生活に必要な支援やサービスについても知識や経験豊富な人とわかります。アセスメントにおいても期待できる人材であり、病院内の医師、看護師、リハビリテーションスタッフ、栄養士など医療チームの情報をまとめたり、取り次いでもらえる役割も期待できるケアマネジャーの強い味方になるといいですね。

■演習課題
① Aさんとの初回面接で、まず、ケアマネジャーが留意しなければならないことはなんでしょうか。思いつく限りあげてみましょう。
② Aさんの場合は、Fリハビリテーション病院のHワーカーからの取り次ぎで、スムーズにインテークまでつながっていますが、もし、病院にHワーカーのようなMSW（医療ソーシャルワーカー）がおらず、在宅介護の準備もできぬまま退院したとしたら、Aさん夫妻にどんな困難があるのか考えてみましょう。

Learning 8　アセスメントとケアプラン

14　アセスメントの方法

> ■アセスメントとは
> 　ニーズを導き出すためのアセスメントは、ニーズアセスメントともいわれており、アセスメント次第でケアマネジメントの方向性が異なり、利用者の自立支援にも差が出てくる。また、ケアマネジメントは「アセスメントにはじまり、アセスメントに終わる」ともいわれているように、重要なプロセスである。ここでは、「13　ケースの発見」のAさんの事例を引き続き用いて学んでいく。

1．ニーズアセスメントの視点

　アセスメントは介護保険制度においては「解決すべき課題（ニーズ）の把握」と訳されている。利用者とケアマネジャーとの間で、情報収集、情報提供、分析、協議、確認などを通して密接にコミュニケーションを交わしつつ、以下のような方法でニーズを導き出す。

（1）ニーズの把握は、本人の生活の場で

　利用者主体の理念からも、最初に利用者本人ならびに家族が何に困っているか、どうしたいか意向を聞く。在宅生活のケアプランを考える場合には、必ず生活の場である家庭を訪問する。

（2）利用者の意向を受けとめ、原因や背景を考える

　表明された意向のなかには、独りよがりな考え方や自立にそぐわない考え方も含まれている場合もある。また困難な状況にあっても意識されていない場合もある。このような場合にも、最初から否定せず、またあるべき論を押し付けず、なぜそのような考え方をするのか、原因や背景を考える。

（3）生活実態を総合的に把握する

　ケアマネジャーは、利用者の生活を理解するために、利用者自身でどのようなことができるのか、できないのか、実際にしているのか、していないのか、生活実態を総合的に把握する。情報収集の範囲は課題分析標準項目として介護保険法令で提示されているが、この標準項目以外にも経済や趣味など必要な項目は追加する。これらの情報は現在を中心としつつも、原因や背景を考えるうえで長い間の習慣によるものも参考になるので、いつ頃からそのような状態が継続しているのか、元気なときはどのようにしていたのかなど過去に遡って尋ねることも重要である。

（4）アセスメントの様式（アセスメントシート）

　これらの情報は多岐に渡り、相互に関連性を有するものも多いので、アセスメント

漏れを防ぐためにも、またアセスメント情報を多職種で構成されるケアチームで共有するためにも職能団体などがアセスメント様式を開発している。例えばアセスメント様式には、日本社会福祉士会や日本介護福祉士会、日本訪問看護振興財団のほか、海外で開発されたものを日本の現状に合わせて訳されたものなどがあり、それぞれに特徴がある。その内容は、氏名・年齢・家族構成などの基本情報のほか、①ADLの状態、②健康状態、③精神・コミュニケーションの状況、④居住環境、⑤生活状況、⑥社会関係、⑦介護者の状況などの項目で成り立っている。

（5）ニーズの明確化

解決すべき課題（ニーズ）は、「欲求や要求、必要」と訳されているが、福祉関係では一般的に、人間が社会生活を営むのに必要なものと理解されている。

ニーズ論としては潜在的ニーズと顕在的ニーズ、主観的ニーズと客観的ニーズ、フェルトニーズとノーマティブニーズ、リアルニーズなどがあるが（「⑧　生活ニーズとディマンド」を参照）、ケアマネジメントにおいては、利用者・介護者の求めている支援や援助とケアマネジャーなどが専門的な視点から必要だと判断する課題との一致点をケアプランの解決すべき課題（ニーズ）として明確化していくことが適切である。

（6）ニーズアセスメントは1回で終わるものではない

ニーズアセスメントは利用者や家族、関係者とケアマネジャーとの双方向の協働作業のなかで集約されていくので、1回、数時間の面接でまとまるものではない。緊急な場合は「求め」と「必要」の一致点のみにおいて、生活の一部分からの支援しかスタートできない場合もあるが、それでも早い時期に生活の総合性を考慮してアセスメントを深め、総合的な支援ができるニーズを導き出す必要がある。

（7）ニーズのポジティブ転換

利用者の困りごとや「求め」も、当初は「歳だから」「病気だから」「治らないから」と自信をなくし、諦め、意欲をなくしている状態であっても、残されている能力を活用し多様な方法による可能性が見えてくると、「～したい」「～なりたい」と利用者の生活意欲を引き出すことができる場合が多い。ケアマネジメントが自立支援をめざしているところからも「課題」を「できない」「困る」「問題である」の否定的な確認にとどまらず、リハビリテーションの視点からも肯定的、ポジティブな姿勢や意欲がもてるように、利用者の自立を意識したその人らしい「ニーズのポジティブ転換」を図るアセスメントが重要である。

（8）目標、支援内容の検討へと継続

ニーズアセスメントで解決すべき課題（ニーズ）が絞り込まれると、アセスメントの目的は達せられるが、ここで一区切りつけるのでなく、ケアマネジャーと利用者・家族との話し合いは、目標・支援内容と連動させ、課題解決に向けて何を当面の達成目標にするか、そのためにはどのような支援やサービスを活用すると効果的かと協働作業は継続する。（「⑫　ケアマネジメントの展開過程　第3項「アセスメントとケア

プラン作成の重なり」を参照)。

2．事例　脳梗塞により左半身まひになったAさん（アセスメント編）

(1) 課題分析（アセスメント）概要

Aさんとの初回面接（2月6日）において、Eケアマネジャーがアセスメントした内容をまとめたものが、表14－1である。

表14－1　Aさんのアセスメントの概要

平成18年2月6日作成現在

初回面接、Fリハビリテーション病院訪問時の状態

健康状態	2005年（平成17）年10月　脳梗塞を発症。左半身まひとなる。高血圧症、心房細動は内服治療をしていた。まひ側に痛みがあるが我慢できる範囲である。痛みが強いときは頓服薬を使用している。痛みのためか、ベッドで休んでいることが多い。身長168cm　体重55kg。
ADL	食事：声かけ～一部介助 寝返り、起き上がり：自立 歩行：できない。車いす自走の練習中 排泄：排尿・排便は全介助 入浴：器械浴で全介助 着替：一部介助
IADL	掃除・洗濯・買い物・調理：以前からやっていなかった 金銭管理：一部介助 内服管理：不可 電話：不明
認　知	軽度の記憶障害がある。出来事の勘違いもある。
コミュニケーション能力	言葉がすぐに出てこないことがある。その場の会話は成立するが、内容によりしばらくすると忘れていることがある。 人と話すことを好み、人当たりがよい。
社会との関わり	近隣との付き合いは良好であったため、入院中のお見舞いが多い。入院中にも友人ができて、リハビリ訓練時に話をしている。
排尿・排便	尿意があり自分で尿瓶をあてることができるが尿瓶をはずすこと、後始末をすることはできない。 便意はある。下着を下ろし便器に移乗する、排便後お尻を拭く、下着を上げて車いすに移乗する介助が必要。
褥　瘡 皮膚の問題	ときどき臀部が赤くなることがある程度。
口腔衛生	義歯（上下　部分義歯）を使用。義歯は合っていて咀嚼に問題はない。声かけにより歯磨きをするが、十分でないため、手伝いをしている。義歯洗浄は全介助。
食事摂取	左半側まひがあるため、声かけをする、お皿の位置をずらすなどの介助が必要。味覚障害があるため、食欲低下がある。 塩分7gの食事制限がある。
問題行動	特になし

介護力	妻（62歳）と2人暮らし。妻は専業主婦。腰痛があり、定期受診をしている。自宅で介護をしていきたいと考えているが、支援が必要。妻の介護力を見極めることが必要。近所に住む長女Dさん（38歳）の協力が得られるか確認が必要。
居住環境	公団住宅（賃貸・3DK）の4階に住んでいた。エレベーターはない。車いすの生活になったため1階への転居を申請中。1階に転居ができても段差のある箇所がある。浴室に手すりをつけることはできる。自宅の状況を確認する必要がある。福祉用具の利用についても要検討。団地の商店街までは歩いて4～5分。
特別な状況	特になし

[見取り図]

```
        ベランダ
   ┌─────┬──────────┐
   │     │  洋 室   │
   │ 和室 ├───┬──────┤
   │     │   │ 台 所 │
   │     │廊 ├──────┤
   ├─────┤下 │ トイレ │
   │     │   ├──┬───┤
   │ 洋 室 │   │脱│   │
   │     ├───┤衣│浴室 │
   │     │玄関│室│   │
   └─────┴───┴──┴───┘
```

（2）経　過

■平成18年2月10日　EケアマネジャーがAさんの自宅訪問

　○○駅より商店街を通り抜けて自宅まで徒歩10分。自宅は何棟も立っている公団住宅の一角にある。4階建でエレベーターはない。1階まで出迎えてくれた妻は、自宅のある4階にあがるまでの間休憩を一度とっていた。改めて重要事項説明書、契約書について説明し正式な契約を交した。その後居住環境を確認する。共用通路から自宅に入る玄関に段差がある。ほかに玄関と廊下、廊下と脱衣室、脱衣室と浴室、廊下と和室の間に段差がある。廊下とトイレの間に段差はないが、トイレを利用するには、身体を180度回転しなければならない。入院前は和室に布団を敷いて休んでいた。

　以上により、退院するにあたって、1階への転居（申請中で2月中旬には転居できる予定である）や住宅改修、福祉用具の利用について、早急に対応する必要がある。本人が一時帰宅し、理学療法士（以下PT）などによる専門職のアドバイスを受ける調整をEケアマネジャーが行いたいと妻に話をし、了解を得た。

　事業所に戻り、Fリハビリテーション病院　Hワーカーに電話。本日、Aさん宅を訪問した結果を話した。また、退院にあたりPTなどに住宅改修や福祉用具の助言をお願いしたいと伝えたところ、院内で調整のうえ、返事をくださるということであった。

■平成18年2月13日　Fリハビリテーション病院　Hワーカーより電話

　妻より1階への転居は2月18日になったと連絡があった。一時外出は2月21日とな

り、Aさんに妻とFリハビリテーション病院の担当PTが付き添ってくれることになった。Eケアマネジャーは当日は現地で待ち合わせることになった。

■平成18年2月21日　Aさん一時帰宅
　リフト付タクシーでAさんが自宅に到着する。担当PTは妻に屋外での車いすの介助方法を教えている。妻は車いすの操作に慣れていないが、指導されながら懸命に押している。Aさんは転居してしまったことを残念に思っていたが、転居先が同団地内の隣の棟であったので、納得しているようであった。
　Aさんは車いすに乗り、担当PTに介助をしてもらい自宅に入った。担当PTは段差のあるところも難なく介助をしているが、妻に介護ができるか心配になった。なお、移動は室内でも車いすを使用する。退院に際しては、車いす、ベッド、マットレス、サイドレール、介助バーのレンタルが必要と考える。トイレに関しては、移乗の際、180度回転できるか否か病院で評価してもらうようお願いをした。浴室と脱衣室への段差が12cmある。この点についても手すりにつかまれば移動できるか否か病院で評価してもらうことにする。
　妻「お父さん頑張ってくれないと家に帰ってこれないからね」
　Aさん「家に帰るために頑張るよ」
　担当PT「明日から、またしっかり訓練しましょう」
　Eケアマネジャーは、明日以降のリハビリ評価により、ケアプランを考えることとする。

■平成18年2月22　Fリハビリテーション病院　担当PTより電話
　機能評価をした結果について連絡があった。
● 立ち上がり：本人は手すりを持ち、介助者はベルト位置で支えれば、立ち上がりができる。
● 180度の回転：本人は手すりにつかまり、右足でケンケンをするようにして少しずつ回ることができる。ただし、大変不安定である。
● 浴室の12cmの段差：本人は手すりにつかまり、介助者がPTであれば移動できたが、妻が介助をするのは難しい。自宅でシャワーを使用することを考えるのであれば、ヘルパー等の専門職にお願いをした方がよい。
　上記のことから、退院にあたり、ベッド、ベッド付属品のレンタルのほか、室内の手すりの取り付け、自宅でシャワーを使用するためには、ヘルパーの依頼とシャワーチェアーの購入が必要と考えた。
　同日、妻と電話で話をする。担当PTと話した内容を伝え、車いす（自走型）、ベッドとベッド付属品（サイドレール、マットレス、移動バー）のレンタル、シャワーチェアー購入の了解を得る。手すりについては、必要と思われる部分を担当PTにマークし

てもらったので、退院当日に大工さんに来てもらい、本人に合わせ取り付けてもらうことにする。妻は、Fリハビリテーション病院より今月中に退院という話があり、準備が整いしだい退院させてあげたいと話していた。

■平成18年２月23日　Fリハビリテーション病院　Hワーカーと電話をする
　担当PTと妻との話を伝え、Eケアマネジャーがベッドレンタル等の話をすすめていくと話した。病院としては入院が長くなっているので、今月中に退院できるようにプランを立ててほしいという意向である。レンタル品などの手配と納品日のこと、退院前に主治医を交えたサービス担当者会議の開催を依頼した。退院日については院内で調整のうえ、連絡をしてもらうことにする。
　その後、主治医と本人、家族が相談し退院日が２月28日になったが、在宅でのサービスなどの準備は間に合うかどうか、また、サービス担当者会議は２月27日午後４時以降であれば、主治医も参加できると連絡が入る。そこで、サービス担当者会議の調整、退院後の在宅生活の準備については、Eケアマネジャーとサービス事業所で行うと伝えた。退院後のサービスの意向については、再度、Aさんと妻に確認し、ケアプランの原案を作成することにする。
　同日、P福祉用具会社に電話し、ベッド、ベッド付属品のレンタル、シャワーチェアーの購入について依頼する。納入日は２月27日午前。車いすは退院日の朝、病院に届けてもらうことにする。

■同日　夕方Aさん宅を訪問し、妻にサービスの意向について確認をする
　サービスの意向、今後の予定を確認する。サービスの意向については以下のようであった。
　まず、妻が主治医と話した内容は、「退院後も２週に１回の通院をする。通院時にリハビリ訓練を行うことはできる。なお、リハビリ訓練の継続が望ましいが、リハビリができる施設が少ない。日頃、自分のできることは自分でやることが一番のリハビリになる。外出できる手立てを考えるように」だったという。
　Eケアマネジャーは、「デイサービス（通所介護）の利用は外出の機会になる。他者との交流もできるので、心が活性化するのではないか」と通所介護の利用をすすめた。すると妻は、同じ団地の人が通っているRデイサービスセンターがよいという希望があった。また入院中は週に１度しか入浴ができなかったため、２日に１回は入浴をしたいという話であった。本人はまず、自宅でゆっくりしたいという気持ちであるため、通所介護は退院の次の週からお願いしたいと話した。
　また、通所介護の回数は週２回。ヘルパーさんには週１回来てもらい、シャワーをお願いしたい。なお、病院で介護の方法を教えてもらったが、まだわからないことが多いし、実際にやってみないとわからないので、ヘルパーさんに来てもらい、介護方

法を教えてもらったり、いろいろとアドバイスをしてほしいという内容であった。
　通所介護についてはＲデイサービスセンターに、ホームヘルプサービスの事業所については、お任せしますという返答であったため、Ａさん宅がある地域で、Ｅケアマネジャーが信頼するＵ訪問介護事業所にお願いすることにした。
　ケアプランについては、どのようなものかわからないので、つくったら見せてほしいと話された。また、サービス担当者会議については、自宅に帰ってから本当に介護ができるか、この先が不安でいっぱいのため、そのような機会をもってもらえるのはありがたいと話していた。
　退院予定日の前日にサービス担当者会議を開催し、Ａさん、Ｂさんを交えて話し合いをもち、Ａさんのケアプラン原案を確定したいと伝える。

■平成18年2月24日　各事業所にサービス担当者会議に出席を依頼
　Ｒデイサービスセンターに電話。担当者はＴ相談員。通所介護利用は可能とのこと。サービス担当者会議日を伝え、出席をお願いする。
　Ｕ訪問介護事業所に電話。担当者はＶ主任ヘルパー。訪問介護の利用は可能。サービス担当者会議日を伝え、出席をお願いする。

■同日　Ｆリハビリテーション病院　Ｈワーカーに電話をする
　昨晩、妻と話したこと、サービス調整をして、退院予定の2月28日に、退院の準備が整うことを伝えた。またサービス担当者会議の開催も予定通りにお願いしたいと伝えた。サービス担当者会議時に診療情報提供書、看護サマリーを用意してくださるよう依頼した。

■平成18年2月27日　ＦリハビリテーションにＡさんを訪問
　Ａさんの病室を訪ねると、ベッドに横になり妻と話をしていた。リハビリ訓練時に、自宅での生活を想定して身体の動き、段差昇降をしているが、バランスがとれない。しかし、介護者がいれば不安定ながら行える状態であったという。ベッドから車いすへの移乗は見守りレベルでできるようになっている。妻は退院できる喜びと自宅で生活していけるかという不安が交錯しているようであった。

■同日　サービス担当者会議開催
　会議のなかで妻は自分1人で介護をしていく不安を正直に話したが、Ａさんは「できるだけがんばってみるよ」と意欲を示した。
　明日は、予定通り退院。ＥケアマネジャーとＵ訪問介護事業所のＶ主任ヘルパーが自宅での移動方法を確認するため訪問をすることにする。なお、介護認定結果は要介護3であったと妻から話があった。

■同日　Aさん宅に訪問

　先程、開催されたサービス担当者会議でケアプラン原案に一部修正があったため、訂正したものを持参し、妻に確認をしてもらう。

　訪問介護については、退院日の翌日から利用予定。通所介護は、退院後の本人の状況に応じ開始する予定。概ね退院後1週間過ぎた頃に相談し決める（本人の状況や希望により変更できることを妻に伝えた）。

　妻は、「自宅に帰りたくてここまで頑張ってきたので退院した後の生活がうまくいくといいんだけれど」と話していた。

3．事例を通してアセスメントを検証する

　受付はFリハビリテーション病院のHワーカーからの電話による申し込みの取り次ぎであったため、居宅介護支援の説明はAさん本人と妻のBさんとはじめて直接接点をもった平成18年2月6日に行い、同意を得たのち、Fリハビリテーション病院内で可能な範囲のアセスメントが開始された（「⑬　ケースの発見（インテーク）」参照）。重要事項の説明と契約は2月10日の自宅訪問の際に行われ、引き続きのアセスメントが行われた。

　ここまでの経過からアセスメントの概要をピックアップすると表14-2のようになる。

表14-2　Eケアマネジャーのアセスメントの経過

回数	日付	場所	参加者（※）	アセスメントの範囲
1回目	2月6日	Fリハ病院	Aさん（本人） Bさん（妻） Hワーカー	Aさん・Bさんの意向の把握。 生活歴・病歴・家族状況。 退院の準備状況・住宅状況。
2回目	2月10日	自宅	Bさん	住環境、介護者の体力、寝具。 PTなどの専門アセスメントとAさんの同席（一時外出）要請。
3回目	2月13日	事務所	Hワーカー	1階へ転居、一時外出日決定。
4回目	2月21日	自宅	Aさん・Bさん 担当PT	Bさんに車いす操作指導。 玄関出入り、室内移動の体験、ベッド関連、トイレ、浴室の出入りなど移動動作確認。 在宅生活のイメージ化と課題の明確化、退院に向けての病院内リハビリテーションの評価。
5回目	2月22日	事務所	担当PT	在宅生活でのADL評価、福祉用具、手すりなどの提案。
6回目	2月22日	事務所	Bさん	PTの提案了解、病院から退院勧告。

7回目	2月23日	事務所	Hワーカー	退院日確定（2月28日）、福祉用具、手すりなどの環境整備を退院日に合わせる。 サービス担当者会議開催に際し、Fリハ病院スタッフの調整を依頼。その後2月27日に開催する旨連絡入る。 退院に向けたケアプラン作成を要請される。
8回目	2月23日	事務所	P福祉用具会社	購入、貸与納品予定日確認。
9回目	2月23日	自宅	Bさん	退院後の受診、リハビリ、介護サービス利用の意向確認（通所介護・訪問介護）。 サービス担当者会議の出席可否を確認し、喜んで参加することを了解いただく。
10回目〜11回目	2月24日	事務所	Rデイサービスセンター U訪問介護事業所	RデイサービスセンターとU訪問介護事業所にサービス提供を依頼し、了解を得る。 サービス担当者会議への出席依頼と了解。
12回目	2月24日	事務所	Hワーカー	退院前サービス担当者会議出席予定者連絡。 診療情報提供書など依頼。
13回目	2月27日	Fリハ病院Aさん病室	Aさん・Bさん	退院に向けてのAさんの意欲、Bさんの不安、確認、移動・移乗動作の確認。
14回目	2月27日	Fリハ病院会議室	Aさん・BさんFリハ病院スタッフ・サービス提供事業者	在宅生活の注意点、退院後の通院確認。居宅サービス計画原案確認。

　この事例のアセスメントでは、初回面接から退院前日までの21日間の間に病院訪問、家庭訪問3回、サービス担当者会議、事業所からの電話による連絡調整など、利用者、介護者、病院関係者、サービス事業者とのかかわりによるアセスメントが実施された。約4か月間の入院生活から在宅に戻る目途は立ったものの不安と期待のなかで、何がどこまでできるか、妻Bさんも介護したい気持ちはあるが体力的にも技術的にも自信がないなかで、最小限度必要な環境整備を優先しつつも、そのほかの課題や目標を主治医の意見に沿って通院とリハビリテーションの継続、家庭内における車いす移動、ベッドから車いすへ、車いすからトイレへの移乗、自宅での入浴をスムーズに行えることを狙いとした。

　入院中の外出による自宅内での動きの確認、在宅生活に照準を合わせた退院前リハビリテーションなどの医療機関の退院計画との協力が得られたことが、Aさんのケアプラン（案）作成のためのアセスメントの特徴である。

■**主任ケアマネジャーからのコメント**

　Aさんはゴルフの練習中に脳梗塞の発作を起こしましたが、発作前に動脈硬化に対する注意など自分自身で健康管理をしていたのか、医師から高血圧などに注意するような指示が出されていたのか、それとも健康を過信し検診などは受けていなかったのか、また食生活の偏りなどについてもアセスメントする必要があるのではないでしょうか。退院後は２週間ごとに通院するので、再発の危険の余地は主治医からなされると思いますが、Aさん自身の健康管理や腰痛のある妻のBさんが頑張り過ぎて倒れないように、介護力、介護方法に対するアセスメントもしっかりしておかないと共倒れになる心配もありますね。

　また、Aさん自身、退院後、家に帰って真っ先に何をしたいのか、Aさんの要望にじっくりと耳を傾けてもよかったですね。ケアマネジャーはともするとBさんのみを連絡調整の窓口にしがちですが、介護者中心のケアプランにならないようにしましょう。

■**演習課題**
① 介護保険制度におけるアセスメントの項目として「課題分析標準項目」がありますが、どのような内容となっているのかを調べてみましょう。
② アセスメント様式には、さまざまなものが開発されているとありましたが、どのような様式があるのか、また、その特徴などを調べてまとめてみましょう。
③ Eケアマネジャーのアセスメントの経過（表14－2）から、アセスメント時におけるケアマネジャーには、どのような業務内容があるのかを箇条書きでまとめてみましょう。
④ 妻の介護力を見極めるアセスメントは、どのように行えばよいでしょうか。
⑤ 事例の経過のなかで、２月23日夕方Aさん宅訪問時の際に、訪問介護サービスを利用したい意向が示されたとき、Eケアマネジャーは特に事業所の指定がなかったので、「信頼するU訪問介護事業所」を紹介しました。ここでケアマネジャーの公平性が疑われないようにするには、どのような配慮が必要ですか。

Learning8　アセスメントとケアプラン

15　ケアプランの作成とケア会議

■ケアプランの位置づけ

　介護保険法ではケアプランは、居宅サービス計画といわれている。ケアマネジメントが多職種で構成されたチームで利用者の自立支援を効果的に行うために、目標指向型の計画的な支援を継続するよりどころとして、ケアプラン作成が義務づけられている。計画書の様式は法令で標準様式が定められており、ケアプラン全体の方向性を示す第1表、ケアプラン全体の中核となる第2表、利用サービスなどを週単位のスケジュールとしてまとめた第3表の3種類のシートがセットになって、利用者、サービス事業者、ケアマネジャーの3者が共有する。利用者も含むケアチームメンバーがニーズ、目標、支援内容などを共通認識し、相互に協力しつつ役割分担を明確にしているので、合意されたケアプランは絵に描いた餅にならないように、実践する責務が発生する。したがって状況の変化に応じてケアプランは見直ししなければならない。

1．ケアプランの作成

　ケアプランは、アセスメントで把握した利用者の意向や導き出された解決すべき課題（ニーズ）を様式の所定の項目に該当事項を記載する。ケアマネジャーが事業所で様式を前に作文をするのでなく、専門用語を羅列する必要もなく、アセスメントの結果を文章化する作業である。なお、様式については、次節のAさんの事例にある表を参照してほしい。

（1）居宅サービス計画書（第1表）
　① 利用者及び家族の生活に対する意向

　利用者と家族が介護サービスなどを利用しながらどのような生活をしたいか、アセスメントで確認した考え方を記載する。利用者と家族の意向は区別して、また家族が複数いて、それぞれ考え方が異なる場合は誰がどのような意向かわかるように記載する。利用者と家族の意向が対立していてもお互いに違いを認識し、ケアマネジャーにもオープンに発言している場合にはそのまま書く。双方が意向の違いを認識しながらも表面的には一致しているかのように発言している場合には一致点をそのまま記載し、本音のところは支援経過記録に重要事項として記録する。また、意向を表明できないようなコミュニケーションに障害がある利用者の場合は、利用者の意向をキャッチしている代弁者や代理人がいる場合には、（○○さんが代理として意向表明）などと記載し、代弁者もいない場合には理由を付して把握できない旨を記載する。

　② 総合的な援助の方針

　利用者を含むケアチームがめざす共通の方針を記載する。ケアプラン（原案）を確定するために、サービス担当者会議を開催することになっているので、会議の場にお

いても方針の確認をする。第1表の「利用者及び家族の生活に対する意向」に対応し、さらに第2表の「長期目標」を総合化した内容になる。

（2）居宅サービス計画書（第2表）

第2表は、最初にニーズを明確にし、次にめざすべき目標と達成時期を定め、目標達成のためにどのような援助がどの程度必要かを記載する項目が左から右へと配置されている。つまり、最初にサービスを考える（サービスオリエンテッド）でなく、ニーズを拠所に目標指向型アプローチを記していくニーズオリエンテッドの構成になっている。

① 生活全般の解決すべき課題（ニーズ）

要介護状態にある利用者の日常生活において「できない」「困る」「不安がある」ことの原因や背景を明らかにし、自立支援の視点に立って解決するための要点を相互関係も分析して、優先度が高いものから記載する。またケアプランは自立支援の具体的な拠所としてケアチームで共有し、目標達成をめざしていくためのものであるから、記載内容はシンプルでわかりやすく、利用者の個別性や尊厳が現れている表記が望ましい。

例えば「○○のために◇◇できない」という訴えがある場合に、「○○のために」は原因や背景であって課題そのものではない。これはアセスメントにおける分析途中の確認、検討事項である。大切なのは「◇◇できない」ことをどうするかであり、解決の方法についてケアマネジャーやケアチームメンバーと話し合うなかで、諦めていたことにも意欲がもてて、期待できる可能性がみえてきたことを「□□したい」「□□するようになりたい」というレベルまで意欲的になることが重要である。「できない」「困る」などのネガティブなニーズは、ともすると「サービスが代わりにする」「補う」などの依存性に陥りやすいが、肯定的、積極的なポジティブな課題に転換できたことを「解決すべき課題（ニーズ）」にしたほうが自立支援のケアプランにふさわしい。

ただし、ニーズの表記で大切なことは書き方の問題ではなく、実際に利用者とケアマネジャーの間でどのように協働のアセスメントが行われたかが重要であり、単に言葉の表現のみ、ポジティブに記載しても、利用者がその気になっていないのであれば全く意味のないことになってしまう。また、「□□したい」といっていることが危険なこと、自立に反する内容であればケアマネジャーは、利用者に対してわかりやすく危険性などを説明し、「□□したい」内容を修正するように働きかけていかなければならない。アセスメントのところで述べた利用者の「求め」とケアマネジャーなどの「必要」の一致点を見出すかかわりが重要になる。

② 目　標

「ニーズ」は解決するのにかなり時間を要するものもあるが、その場合にも一歩ずつ解決に向かっているという手ごたえを感じることがモチベーションを高めるうえで重要である。ケアプランが動き出したときに、最初の数か月で達成できそうな目標を短期目標とし、短期目標をステップアップしつつ、1、2年後にはこの辺まで到達したいという目標を長期目標にし、常に当面の目標を意識しつつ支援やサービスを活用し、

少しスパンを先に延ばした目標も意識した生活を継続していくことをねらいとしている。したがってそれぞれの目標ごとにスタートとゴールの時期を特定しなければ計画として意味がなくなってしまう。

③ サービス内容、頻度

短期目標の達成に必要で、最適なサービスの内容と量（頻度）を考える。ここでは介護保険法のサービスの種類ではなく、「送迎」「移動介助」「入浴介助」など援助内容そのものを考えることが重要であり、「誰から」「どういうサービスの種類」によるかは、次の段階で複数の選択肢のなかから検討する。

④ サービス種別、サービス事業者

フォーマルサービスもインフォーマルサービスも家族の支援も含めて、適切にサービスが提供できるか否かを自立支援の視点から検討し、フォーマルサービスであれば法律別、サービスの種類別、指定事業所の選択、サービス供給の可能性などを勘案し絞り込んでいく。

(3) 週間サービス計画表（第3表）

週単位の支援やサービス提供の曜日、時間帯をスケジュールとして記載する。利用者・家族の生活リズムを尊重し、サービス提供事業者の都合を優先させることがないように配慮する。ここでも介護保険のサービスに限らず医療機関への通院や、友人・知人宅への訪問など、ある程度定期的になっているものは記載する。

(4) **ケアプラン原案から確定に**

アセスメントで合意されたニーズや目標、サービス内容を所定のケアプラン用紙に記載したものは「原案」であり、これを確定する場が次のケア会議である。したがってアセスメント段階で合意を得ていても、その後よく考えたら、「○○のように変更して欲しい」ということもあり得るし、またケア会議に出席したサービス事業者から具体的な提案などを聞くと個別のサービス計画の枠を超えてケアプランを変更しなければならない場合もある。ケアチームメンバーが一堂に会した場で確認・合意を得てケアプランは確定する。サービス利用開始前にケアプラン原案確定のためのケア会議が開催できない場合には、ケアマネジャーとサービス事業者、サービス事業者と利用者、サービス事業者同士の調整など、ケアマネジャーは2者間の同意で動き回り、最終的には再度利用者とケアマネジャーとの間で確認をしなければならない。このような合意確認を経て確定されたケアプランは、利用者、サービス事業者などに交付しなければならない。

2．事例　脳梗塞により左半身まひになったAさん（ケアプラン編）

前章「14　アセスメントの方法」でも記載したように、居宅介護支援の申し込みを受けてから、21日間にわたる丁寧なアセスメントが行われ、利用者と介護者はケアチームメンバーの顔合わせや合意確認を繰り返すなかで、ケアマネジャーとも信頼関係が

構築された。ケアプラン（原案）第1表（表15－1）、第2表（表15－2）、第3表（表15－3）が作成され、サービス担当者会議で説明された。訪問介護、通所介護サービス開始日の変更希望があったがその他は参加メンバーの合意が得られ、確定した。

表15－1　Aさんの居宅サービス計画書（1）

第1表　　居宅サービス計画書（第1表）

作成年月日　平成18年2月27日

初回 ・ 紹介 ・ 継続　　　　認定済 ・ 申請中

利用者名	A　殿
生年月日	昭和12年10月○日（68歳）
住所	K県
居宅サービス計画作成者氏名	E
居宅介護支援事業者・事業所名及び所在地	E居宅介護支援事業所　K県○市
居宅サービス計画作成（変更）日	平成　年　月　日
初回居宅サービス計画作成日	平成18年2月27日
認定日　平成18年2月22日	認定の有効期間　平成18年1月10日　～　平成18年7月31日
要介護状態区分	要支援 ・ 要介護1 ・ 要介護2 ・ **要介護3** ・ 要介護4 ・ 要介護5
利用者及び家族の生活に対する意向	本人：車いすの生活になってしまったけれど、妻の助けを借りながら、自宅で生活したいと思います。 家族（妻）：本人が家で暮らしたいというので、できるかどうか不安ですが、在宅介護をしていこうと思っています。わからないことばかりなので、皆さんに協力してもらいながらがんばっていきたいと思います。
介護認定審査会の意見及びサービスの種類の指定	
総合的な援助の方針	障害をもたれてから初めての在宅生活が始まります。車いすを使う不自由な生活となりましたが、奥様の介護と介護保険サービスを利用しながら、ご本人が安心して生活ができるよう支援します。退院後のご様子を見ながら、プランは随時変更をしていきます。 緊急連絡先　F病院（G医師）：○○○-○○○○ 　　　　　　D（長女）：○○○-○○○○-○○○○
生活援助中心型の算定理由	1　一人暮らし　　2　家族等が障害、疾病等　　3　その他（　　　）

居宅サービス計画について説明を受け、内容に同意しました。　平成18年2月27日　氏名　A　㊞

表15-2 Aさんの居宅サービス計画書(第2表)

第2表　　　　　　　　　　　　　　　　　　　居宅サービス計画書(2)　　　　　　作成年月日　平成18年2月27日

利用者名　A　　殿

生活全般の解決すべき課題(ニーズ)	援助目標			援助内容					
	長期目標 (期間)	短期目標	(期間)	サービス内容	※1	サービス種別	※2	頻度	期間
元気な身体を取り戻したい	身体機能の回復を図る　18. 2. 28.～18. 7. 31.	定期的に受診ができる	18. 2. 28.～18. 3. 31.	a. 診察・療養上の指導　薬処方・リハビリ指示		b. 医療　d. 本人	Fリハ病院	1回／2週　随時	18. 3. 1.～18. 3. 31.
		内服薬の管理ができる		b. リハビリ　c. 通院付き添い　d. 健康チェック	○	c. d. e. f. 家族　d. f. 訪問介護	妻　U訪問介護事業所	1回／週	
		ベッドから車いすへの移乗が自力でできる		e. 服薬介助・確認　f. 移動介助	○	d. e. f. 通所介護	Rデイサービスセンター	2回／週	
		転倒に注意し室内の移動が安全にできる		g. 車いす・ベッド・ベッド付属品のレンタル　h. シャワーチェアー購入　i. 手すりのとりつけ	○ ○	g. h. 福祉用具貸与　i. 住宅改修	P福祉用具会社　Q工務店		
気持ちよく暮らしたい	清潔が保たれる　18. 2. 28.～18. 7. 31.	週に2回以上シャワー、入浴ができる	18. 2. 28.～18. 3. 31.	a. 排泄介助　b. シャワー浴介助　c. 入浴介助　d. 着替介助	○ ○	a. b. d. 家族　a. b. d. 訪問介護　a. c. d. 通所介護	妻　U訪問介護事業所　Rデイサービスセンター	随時　1回／週　2回／週	18. 3. 1.～18. 3. 31.
		排泄動作がスムーズにできる							
生活の中に楽しみを見つける	地域・友人との関係が円滑にできる　18. 2. 28.～18. 7. 31.	外出の機会がある	18. 2. 28.～18. 3. 31.	a. 送迎介助　b. 食事提供　c. 身体を動かす　d. アクティビティに参加する　e. グループ活動に参加する　f. 友人との交流	○	a. b. c. d. e. 通所介護　f. 地域活動参加	Rデイサービスセンター　友人	2回／週　随時	18. 3. 13.～18. 6. 30.
		他者と交流ができる							

※1 「保険給付対象か否かの区分」について、保険給付対象内サービスについては○印を付ける。
※2 「当該サービス提供を行う事業所」について記入する。

表15−3　Aさんの居宅サービス計画書（第3表）

第3表　　　　　　　　　　　　　　週間サービス計画表

F　　殿

	月	火	水	木	金	土	日	主な日常生活上の活動
6：00								起床
8：00								着替・洗顔
								朝食
10：00								
12：00								昼食
14：00	通所介護				通所介護			
			訪問介護					
16：00								
18：00								夕食
20：00								
22：00								就寝
0：00								
2：00								
4：00								

週単位以外のサービス	F病院に通院（1回／2週）　福祉用具貸与（車椅子・特殊寝台・特殊寝台付属品）　住宅改修（手すり取り付け）

■主任ケアマネジャーからのコメント

　自宅に退院する利用者のニーズとして1番目のニーズは「元気な身体を取り戻したい」とまとめられています。確かに長期の病院生活から住み慣れた自宅に戻る際の思いとして、一番切実で強く感じていたことでしょう。このニーズから短期目標が「定期的な受診」「内服管理」「車いすへの自力移乗」「室内の安全移動」の4つがあげられ、この4つの目標を達成するために9つのサービスが記載されています。このプランではダメということではありませんが、ニーズの括り方が少し大きいと感じられます。
　健康管理に関する課題とADLに関する課題は相互に密接な関係にはあるのですが、1つのニーズに対して4つの短期目標達成にかかる進行管理が複雑になるかもしれません。

3．ケア会議

　介護保険制度ではサービス担当者会議といわれているが、利用者、家族などを含むケアチームメンバーが一堂に会して、協議をしたり、確認などをするための会議である。ケアマネジャーは多忙のためケア会議が開催できないという意見も多いが、ケアチーム全員でニーズを共有し、協力し合う意思確認もできるので、逆に時間の節約に

もなり、自立支援に効果的である。

メンバーは、利用者、家族、介護支援専門員、主治医、関係するサービス事業者で、必要に応じてその他の専門職が参加し、専門的な視点から意見を求める場合もある。名称は「サービス担当者」となっているが、会議の目的が同意確認、合意形成の場合に利用者・家族が不参加では改めて確認しなければならないので、二度手間となる。本人が参加できない適切な理由がない限り、当事者参加が原則的である。したがって会議の名称も「ケアカンファレンス」の名称が目的にかなっている。また、主治医に対して参加を求めることをためらうケアマネジャーもいるが、要支援・要介護認定についても主治医意見書を書いており、そのなかでは生活機能、サービスについても意見を述べているので、ケアチームのメンバーとしては欠かせない役割があることを認識して、協力してもらえるように働きかける。

ケア会議の開催目的と留意点をまとめると次のようになる。

【開催目的】
①ケアプラン原案確定のため（居宅サービス計画第1表（表15－1）、第2表（表15－2）、第3表（表15－3））
②ケアプラン変更の必要がある場合
③サービス事業者間の調整、役割分担の確認のため
④認定更新、認定区分変更時

【留意点】
①開催目的を明確にし、開催日時、場所とともにメンバーに事前に案内する。
②やむをえない理由によりメンバーが欠席する場合には、主催者の「照会」（第5表（表15－4））に対して「回答」をもらい、会議の場で共有する。
③検討内容は「サービス担当者会議の要点」（表15－5）に要点を記載し残す。これは2年間保存しなければならない。検討を予定していたにもかかわらず結論に達しなかった事項は「残された課題として」記録し、次回の会議予定日などを決めておく。「照会」に対して「回答」をもらった欠席者には、決定事項などを報告する。

4．事例を通してケア会議を検証する

Aさんのサービス担当者会議は、退院の前日、病院の会議室で病院のスタッフと退院後のケアスタッフも含めて全員参加により開催された。検討事項、結論は表15－5の通りであるが、Aさんも妻のBさんも、明日からの生活に対する決意を新たにし、退院後のスタッフと顔合わせができたことにより安心感も得られたことと推測する。

しかし、実際にケアプランが予定通り実行できるか未知数であるため、1か月後に次回の会議予定を確認して閉会している。

表15-4　サービス担当者に対する照会（依頼）内容の書式

第5表		サービス担当者に対する照会（依頼）内容			
利用者名　　　　　殿　　　　　　居宅サービス計画作成者（照会者）氏名					
サービス担当者会議を開催しない理由ないし会議に出席できない理由					

照会(依頼)先	照会(依頼)年月日	照会（依頼）内容	回答者氏名	回答年月日	回答内容

※サービス担当者会議を開催しない場合や会議に出席できない場合などに使用すること。

表15-5　サービス担当者会議の要点

検討した項目	1．在宅生活の注意点 2．ケアプランの原案について
検討内容	1．病状は安定している。生活上の制限はない。2週間に1度、定期的に通院を行うこと。病院でのリハビリは通院時に実施する。 　　日常生活の中で自分のできることを見つけ自分で行う努力をする。ベッドから車いすへの移乗、トイレでの移動はしばらくの間、十分に注意を払い、介助をしてもらいながら行う。左半側まひがあるため、本人の左側に物を置かない、ぶつからないように注意をする。 2．目標を確認する。妻の介護力の確認、サービスの内容、回数について意見交換を行う。
結論	1．病状は安定しているが、内服薬は入院中と同じものを継続する。退院しても生活リズムをくずさないように努める。 　　バランスが悪い、下肢筋力が十分についていないため、転倒に注意する。 　　左側の無視があることも忘れないようにする。 　　病院でのリハビリのほか、自分でできることをする、動くことがいちばんのリハビリである。 2．原案の確認をする。当面、原案の内容で実施するが、自宅での生活状況に応じ、必要に応じ変更をしていく。
残された課題	1．自宅での移動動作について観察をする。移動方法に危険がないか、無理がないかを確認する。 2．本人の生活と利用するサービスが合っているかの確認をする。妻の介護力も見極める。
（次回の開催時期）	1か月後に実施予定

■演習課題
① サービス担当者会議でAさん、妻のBさんが緊張せずに質問や意見を述べることができるためには、ケアマネジャーはどんなことに配慮すればよいでしょうか。
② あなたが担当ケアマネジャーであったら、どのようなことを1か月後の目標にしますか。

Learning 9　ケアマネジメントの実施と評価

16　ケアプランの実施

■ケアプランの作成からサービスの提供
　ケアマネジャーがケアプラン（居宅サービス計画）を策定し、利用者やサービス提供事業者の同意が得られると、そのプランに沿ってサービスが提供されていく。ケアプランの実施の過程には、居宅サービス計画に沿って個々のサービス事業者がサービスの種類ごとに「個別サービス計画」を策定しサービスが提供される。その後ケアマネジャーは、各サービスの実施状況や利用者の状態をモニタリングし、新たな問題や課題が起こったり（発生したり）、利用者の要望などが出されると、再アセスメントを行いケアプランの見直しを行う。これは、ケースの終結まで続いていくが、ここでは、そのサービス提供の循環システムについて学んでいく。

1．ケアプラン実施のプロセス

（1）ケアプランに沿った個別サービス計画の作成

　確定したケアプランはケアマネジャーから、利用者ならびにケアプランに組み込んだサービス事業者に交付される。サービス事業者は、それぞれのサービスについて、何のために（解決すべき課題）、何をめざして（目標）、どのようなサービスを（サービス内容）、どの程度（サービスの量・頻度）、どのようなことに留意しながら、どのような方法で提供するのか、サービス提供のための具体的な個別のサービス計画を策定しなければならない。ケアマネジャーが作成するケアプランが総合的なマスタープランであるとすれば、サービス事業者が作成する訪問介護計画や訪問看護計画、通所介護計画、通所リハビリテーション計画、短期入所生活介護計画などの個別サービス計画は具体的なサービスを提供するためのアクションプランとみることができる。つまり、マスタープランとアクションプランは相互にリンクしていなければ意味がなく、この2層の計画は介護保険制度の規定では「個別サービス計画は居宅サービス計画に沿って立てる」ことが求められている。
　したがってサービス事業者も個別のサービス計画を作成するために利用者宅を訪問し、サービスの提供方法や手順、留意点などについて打ち合わせや確認をしなければならない。これを「サービス提供事業者によるアセスメント」といったり、介護支援専門員によるアセスメントと区別して「二次アセスメント」といったりする。これらのアセスメントを踏まえた個別サービス計画ができ上がると、個別サービス計画書は利用者・介護者に説明し同意をもらい、交付され、これらの個別サービス計画に基づいてサービスは提供される。

(2) 個別サービス計画に基づいたサービス提供と記録

　個別サービス計画には、利用者・家族の意向を踏まえ、提供するサービスの内容が記載されているので、1回ごとのサービス提供もそれぞれの個別サービス計画に基づいて提供され、そのつど実施状況を記録しなければならない。記録は終結から2年間保存することになっており、計画通り実施できなかった場合にはその理由なども記載し、必要に応じて個別サービス計画の見直しをする根拠にもなる。

(3) モニタリング

　サービス実施状況の継続的把握を「モニタリング」という。モニター（Monitor）とは監視、追跡と訳されているように、目的は①サービスが計画通り実施されているか、②短期目標などの目標に向かっているか、③新たなニーズ（解決すべき課題）が発生していないかなどを追跡していく。したがって、ケアマネジャーはケアプランの進行管理を、各種サービス事業者は個別サービス計画の実施状況をチェックするので、モニタリングも2層構造で進行する。個別サービスの提供者は毎回、ケアマネジャーは最小限度月に一度は家庭訪問をして利用者・家族からサービスの提供状況をチェックする。モニタリングにより利用者・家族の状況が変化していることがわかった場合や、サービスが利用者の課題解決に役に立っていない場合には、居宅サービス計画や個別サービス計画を変更する。つまり計画Plan（P）→　実行Do（D）→　点検Chek（C）→　見直しReview（R）　と進行する。

　モニタリングは循環サイクルの要の役割を果たすので、これがないがしろにされると計画の見直しのチャンスを逃すことになる。ケアマネジャーとサービス事業所のスタッフは、モニタリングにおいても常に連携体制をとり、計画変更の必要性を常に情報交換し、ケアチームが役割分担をしつつ、利用者の自立や悪化の防止をめざして支援を継続していく。

(4) 再アセスメント

　支援が継続してくるとモニタリングと同時に利用者・介護者の状況変化がキャッチできる場合もあるが、もう一方でモニタリングだけでは利用者・介護者の状況変化が把握しきれない場合もある。利用者の動きが悪くなり、計画通りサービスの提供ができなくなった場合などは、改めて検査をしたり、受診しないと原因が把握できない場合もある。介護者の状況についても健康状態や社会活動、経済などが利用者の生活に影響を及ぼしている場合もある。モニタリングで状況の変化が把握できない場合には、改めて従来チームケアにかかわっていなかった関係者も入れて再アセスメントの機会をもたなければならない場合もある。再アセスメントの結果はケアプランの見直しにつながっていく。

(5) 終　結

　支援や介護が必要な居宅の高齢者のケアマネジメントにおいては、長期入院や施設入所、死亡などによりケアマネジメントが終結する場合が多い。しかし、要支援・要

図16－1　ケアプランの実施

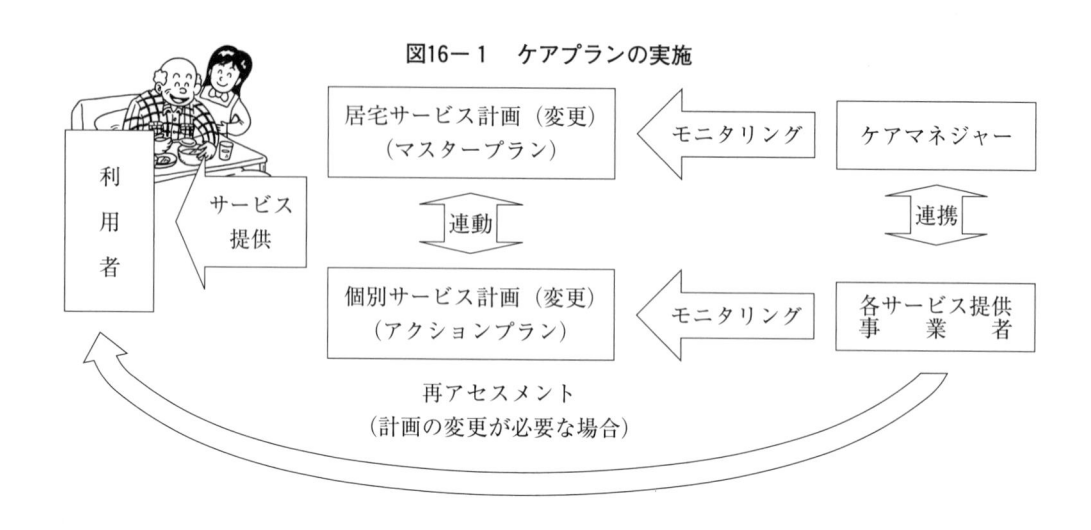

介護状態が軽度のときからケアマネジメントが機能し、利用者の生活も自己管理できるようになる可能性もある。つまり目標が達成し、解決すべき課題もなくなればケアマネジメントは終結する。このような場合においてもケアチームメンバーがケアマネジメントプロセスにおいて役割分担がうまくいったか、他に適切な方法があったのではないかなど振り返り、次のケアマネジメントに活かしていくためには評価のプロセスへとつなげていく必要がある。

2．事例　脳梗塞により左半身まひになったAさん（サービスの実施編）

■平成18年2月28日　退院日に自宅へ訪問をする

　リフト付タクシーで妻と長女が付き添いAさんが帰宅する。自宅前の段差は妻の介助で入室することができた。帰宅後、まもなく住宅改修の依頼を行っていた工務店の人が来訪し、Fリハ病院の担当PTが印をつけてくれた箇所（トイレ・脱衣室・浴室）を本人・妻に確認してもらいながら手すりを取りつけてもらう。

　長女から、今日は仕事を休んで退院に付き添ったが、仕事をしていること、子どもが小さい（5歳・2歳）ため、日常的な介護の協力は難しいと話があった。休日や緊急時にはできるだけ協力をしたいと話し、「母が無理をするのではと心配をしています。どうぞよろしくお願いします」と挨拶された。

　しばらくして、U訪問介護事業所の管理責任者とV主任ヘルパーが来訪する。訪問介護計画書を示し、具体的なサービス内容を説明した。また妻に対し、移動介助のポイントをていねいに指導してくれた。訪問介護は予定通り3月1日より提供されることになる。

■平成18年3月1日　U訪問介護事業所より電話

　Aさんに初の訪問介護の提供があり、その報告があった。計画されていたシャワー

浴は予定通り実施し、廊下⇔脱衣室への段差、脱衣室⇔浴室への段差は、手すりにつかまり、ヘルパーが介助して移動できた。浴室の床が滑りやすく心配したが、声かけにより慎重に行い、シャワーチェアーの座位は安定していたとのこと。Aさんは「本当はお風呂に入りたいが、無理だね」と話していたという。ヘルパーとしても自宅での入浴は難しいとのことであった。シャワー浴は妻の手伝いがなくても、ヘルパー1人の介助で可能とのことである。

■平成18年3月3日　Aさんの退院後の様子を確認する
　妻のBさんに退院後の様子を聞いてみると、心配されたトイレの介助や食事、着替は妻の対応でできているという。Aさんは家でやることがなく退屈そうであるとのこと。妻はデイサービスに通うのはもう少し後でもいいと思っていたが、来週からでも行った方がいいと思っている。本人も外出することを希望しているという話であった。RデイサービスセンターT相談員に連絡し、Aさんの妻と話した内容を伝えると、来週からの受け入れ可能であるとのこと。RデイサービスセンターからAさん宅に連絡をとって、明日にでも通所開始などの調整をしてくれるという返事であった。

■平成18年3月4日　RデイサービスセンターT相談員より電話
　T相談員が本日Aさん宅に訪問をしたところ、退院後、特に変わりなく生活されている。デイサービスの内容について再度説明をしたところ、行ってみたいという返事であった。Rデイサービスセンターとしても受け入れは可能で3月6日から通所予定となった。Aさんがデイサービスセンターで1日過ごせるか心配していたため、最初から数回は昼食後（13：30）までの利用を提案すると、それでよいという返事であり、入浴に関しては本人の状態に合わせて判断するという内容であった。

■平成18年3月6日　Rデイサービスセンターを訪問
　デイサービス初利用のため、様子を見に行くとすでに入浴を済ませていた。Aさんは介護支援専門員の姿を見つけると、手を上げて合図をしてくれる。今日初めての通所であるが緊張することはなく、朝の時間に自分から職員に自己紹介をし、他の利用者にも自分から声をかけていたという。昼食は他の利用者と一緒に行ったが、左側の失認（半側空間無視）があるため、職員が声かけをしたり器の位置を移動した。食事については「美味しいですよ」といい、全量摂取。疲れた様子はなく、1日通所でも大丈夫な様子であった。

■同日　妻にデイサービスの様子を電話で聞く
　退院後初めての外出であったが、疲れた様子もなく、元気に帰ってきたという。デ

イサービスセンターは車いす用のトイレや浴室の設備が整えられていたので安心した、また、自分よりも具合の悪そうな人がいたので、かえって心配をしてしまったと本人は話していたという。妻は通所することを心配していたが、行ってみたら気に入ったようでよかったと話した。「夕方までの利用でも大丈夫そうですね」と聞いてみると本人はお風呂にも入れてもらったし、食事も美味しかったというので、次回から夕方までお願いしたいとのことであった。また、妻は「お父さんが留守なら用事が済ませる」と話していた。

　早速、介護支援専門員より次回から夕方まで通所できるか否かをRデイサービスセンターに連絡し了解を得た。

■平成18年3月13日　妻に電話をする
　明日（3月14日）、退院後初めての通院なので、妻1人の付き添いで大丈夫か心配になり電話をした。妻は退院時にお願いしたリフト付タクシーの予約をしていた。また1人での付き添いが心配であったため、長女に付き添いを依頼したという。Fリハ病院のHワーカーに退院後の様子を伝えておいてもよいかと尋ねると「お願いします」という返答であった。明日の通院の結果を知らせてほしいとお願いし、電話を切る。長女は介護に協力できにくい状況であるが、今回の通院付き添いはしてくれるため、妻も安心しているようであった。

■同日　Fリハ病院Hワーカーに電話をする
　Aさんの退院後の状況を伝え、明日の通院は長女も付き添っていくことを伝えた。Hワーカーは担当医とPTに退院後の様子を報告しておくと話した。

■平成18年３月14日　妻から電話で通院の報告がある
　Ｆリハ病院の通院の結果は異常がなかった。薬の変更もないとのこと。リハビリ室で立位、方向転換の訓練をしたら、退院した時よりも上手になっていると言われ、本人も妻も喜んで帰ってきたと話していた。
　次回の通院は２週間後の３月28日で、この日は長女が同行できないため心配であると話していた。

■平成18年３月25日　Ａさん宅に訪問し、モニタリングを行う
　退院後まもなく１か月となるので、自宅での生活やサービス利用状況の確認をする。
本人：デイサービスは楽しく通所している。楽しみは他の利用者さんとのおしゃべりと習字とお風呂。リハビリができないのが残念である。陽気がよくなったので、デイサービス以外にも外出の機会がほしい。広告を見ているだけじゃなく買い物に行きたい。運動靴（リハビリシューズのこと）、趣味のゴルフの本、孫のおもちゃなどを購入したい。
妻：１か月必死でやってきたから疲れました。デイサービスに行かない日は一日中外出ができないので、デイサービスをもう１日増やしてほしい。買い物に連れて行ってあげたいが、車いすを押して街中に出るのは自信がない。私が車いすを押せるようになるまで、しばらくの間、月に２回位でいいからヘルパーさんに買い物に連れていってほしい。娘にも月に１回位は連れ出してもらうようにしたい。
　３月28日の受診日は介護支援専門員が同行し、担当医と４月以降のケアプランを相談したい旨伝え、了解を得る。

■同日　Ｕ訪問介護事業所・Ｒデイサービスセンターに電話する
　Ｖ主任ヘルパーとＴ相談員にモニタリングの話を伝える。その際、訪問介護では、計画通りシャワー浴が実施できている。衣類に尿臭があるときもあるが、失禁はないので、自分で尿瓶をあてるときか、外すときにこぼしているのかもしれない。妻は訪問時１度だけ腰痛の訴えがあったとのこと。新たな外出（買い物）のニーズについては対応ができるよう調整していただく。
　Ｒデイサービスセンターでは、休みなく通所し、書道を好んで行っている。また、体操やカラオケにも積極的に参加しているが、手工芸は好まない。数字の間違いはあるが、他の利用者や職員の顔と名前を覚え、声をかけてくれる。グループではリーダー的な存在である。送迎の時間通りに出かける準備はできているが、玄関前の段差が妻１人では心配であるため、玄関内で待ってもらっているとのことであった。通所の回数を増やすことは可能であるが、入浴の回数は希望者が多いため、週２回までしか対応できないとのことである。

■平成18年3月28日　Fリハ病院の通院に同行する
　玄関前の段差は不安定ながら妻1人で行うことができたが、本人が転ばないか心配をしていた。担当医の診察では、障害はあるが身体的には安定している。妻と2人でよく頑張っているとお褒めの言葉があった。生活の状況や本人・家族のサービスに対する意向を伝えると、「デイサービスに行くことも外出の機会を増やすこともいいこと」「生活のなかで好きなことを見つけること、いろいろなものに関心をもつことが大事」「自分で身体を動かすことが障害の改善につながる」という話があった。
　リハビリでは退院後の評価をし、立位・方向転換・段差昇降・患側部に体重をかける訓練を行った。次回の通院は4週間後になった。

■同日　自宅に帰ってから4月以降のプランについて相談をする
　本人・家族ともにサービス利用を増やすことを希望し、担当医も勧めている。そこで、デイサービスは週3回とし、そのうち1回は入浴ができないが、Rデイサービスセンターにお願いしてみることにする。ただし、夏場になったら入浴の回数を増やしたいので、他の事業所を利用することを考える。
　訪問介護は2週間に1度、長女が勤務日の土曜日に買い物の付き添いの援助を追加してお願いしたいという希望であった。
　3月31日にサービス担当者会議を開催するよう調整することで了解を得る。

■18年3月29日　Fリハ病院の担当医に電話をする
　サービス担当者会議の開催について伝えると「勤務のため出席はできない」との返事であったが、外来通院したときの話のように、身体を動かすこと、頭を使うことが大事で、買い物に出たときは支払いを本人にやってもらってもよいのではないかと意見をいただいた。また、ケアプランの変更は賛成で、後で会議の内容を教えてくださいと話された。

■平成18年3月31日　サービス担当者会議を開催
　サービス開始1か月後のモニタリングと4月以降のケアプランについて話し合う。会議には本人・妻と確認した変更プランを提出し、またFリハ病院の担当医のコメントも紹介した。出席者で変更ケアプラン案を元に話し合いをし、確認をした。本人は買い物に行く、友人や兄弟と会うことに意欲的であった。妻は「少しでも前のお父さんに近づいてくれたら…元気になったら長女家族と温泉に行きたい」と話していた。

3．事例を通してケアプランの実施を検証する

（1）サービスの開始・実行

　Aさんの在宅生活は約4か月ぶりに再会した。Aさんは待ち焦がれた家での生活が再開されたが、介護者である妻のBさんにとっては、無事に退院にまでこぎつけた喜びと同時に、家での介護がどこまでうまくいくか不安な気持ちもある。生活の再スタートのために入院中からケアマネジャーや関係者と準備はしてきたものの、サービスの利用やスタッフとの付き合いに対する緊張感もある。その状況をケアマネジャーは察知して、サービス開始時の実行状況の確認をていねいに行っている。サービス事業者もケアマネジャーに訪問介護の初回実施状況（3月1日）を電話で報告している。妻

表16−1　退院1か月後のサービス担当者会議の記録

検討した項目	1．退院後1ヶ月の評価 2．4月からのケアプラン
検討内容	1．本人：特に困っていることはない。デイサービスでは話し相手が見つかり、ヘルパーさんにもなれてきた。もう少し動けるようになりたい。 妻：退院時は不安でしたが、今は何とかやっていけそうな気がしています。デイサービスには喜んで行っていますので、ほっとしています。 訪問介護：計画通りにサービスの実施ができた。回を重ねる毎に立ち上がり、移動はスムーズになっている。 まひ側の足の指先に冷たさを感じるため、今後は足浴も実施した方がよいと思われる。 通所介護：予定通りに通所ができている。グループ活動では、発言が多く、リーダーシップを発揮する場面もある。書道、体操を好んで行っている。バイタルサイン、全身状態は安定していて入浴も計画通り、週2回行っている。体重の増減はない。 福祉用具貸与：車いすは身体の状況に合っている。移動しやすいように硬めのマットをセットしている。身体に合っていなければ変更可能。 2．サービスの利用を増やし、外出の機会（デイサービス、買い物など）を増やしていく。楽しみを見つけ、生活に変化をもてるようにする。
結論	1．ケアプランの短期目標に沿ったケアが提供されている。移乗動作は医師の指示通り一部介助で行っているが、危険な場面はなかった。 退院後1か月であるため、短期目標の内容は継続する。 2．原案に訪問介護でシャワー浴をするときに「足浴」を追加する。その他は原案通り。
残された課題 （次回の開催時期）	プラン一部変更につき、サービス利用状況を確認していく。 2か月後にサービス担当者会議を実施予定。

の介護方法や介護に対する意欲や疲労度についてもケアマネジャーは妻に確認し（3月3日）、次の通所サービスの開始時期をていねいに検討している。Rデイサービスセンターの2次アセスメントのための訪問と受け入れ準備を確認して、当初の予定より早く通所介護の利用を開始している。

　このように利用者や介護者の生活や状態変化が予測される時期にはきめ細かなモニタリングと再アセスメントが必要である。退院と同時に全てのサービスを開始して疲れきってしまう場合もあれば、サービス導入を慎重にしすぎてタイミングを失い、安静、大事をとりすぎて活動への意欲が低下してしまうと、当初からモチベーションが低い状態でサービスを開始することになり、効果も出ないままサービス利用を中断することになってしまうので注意したい。

（2）ケアマネジャーのモニタリング

　Aさんの場合には、3月6日に通所介護を開始し、ケアマネジャーはRデイサービスセンターに行ってAさんの活動への参加状況を確認すると同時に、夕方帰宅された時間に妻のBさんにAさんの疲労度などを尋ねている。このようなケアマネジャーのきめ細かな対応がAさんやBさんの安心感につながり、もう一方でケアマネジャーとサービス事業者をつなぐケアチームの連携体制を強化することになる。また、3月14日の退院後初めての通院日についても、前日に付き添いや送迎の車の確認をし、Fリハ病院のHワーカーに状況報告をしている。このような配慮に応えるように夕方には、Bさんから電話があり通院時の報告を受けることができている。ケアマネジャーとしても支援のペースがほぼ順調に進んでおり、ケアプラン見直しなどの必要がないことを実感することができる。

（3）モニタリングによるネットワーク強化

　退院後1か月になろうとする3月25日に家庭訪問し、訪問介護、通所介護のサービス利用状況や介護者の疲労度を確認し、Aさんの意欲やADLの改善度から通所介護の利用を3回に増やしたい、ヘルパーの介助でAさんの外出支援が可能かなどの積極的な依頼を受けて4月からのケアプランの見直しに着手することができた。さらに月末の通院日には、AさんBさんの了解を得てケアマネジャーは同行し、担当医の評価やリハビリの進み具合を実際に確認することができている。これは、病院のスタッフとのコミュニケーションを確保することにより、安心してケアプランを進めることができると同時に、ケアマネジャーと病院スタッフとのネットワークが強化され、今後、他の利用者の場合にもこのケアチームが有効に機能すると予測することができる。

■主任ケアマネジャーからのコメント

　この事例では、介護支援専門員が当初からていねいにモニタリングしているので、Aさん、Bさんのケアマネジャーに対する信頼もますます強くなるでしょう。
　ケアマネジメントの支援を開始した直後は、このようにていねいなモニタリングが大切ですが、利用者さんとケアマネジャーとの関係ができてくると、モニタリングも利用者であるAさん、Bさんから直接報告が入ってくるようになったり、訪問介護や通所介護などそれぞれのサービス事業者からも、迅速なモニタリング報告やニーズの変化に対する情報が入ってくることも期待できます。
　居宅介護支援（ケアマネジメント）は、利用者の自立度の向上に合わせて、ていねいさを加減していくことが必要です。「至れり尽くせり」が慢全となってしまうと、気がついてみるとケアマネジャーに依存していたり、サービス事業者もケアマネの指示待ちになってしまいますので、そのようなことがないように、チームメンバーそれぞれが、常にその時々の状況に適切なかかわり方をしているか配慮しつつ、ケアマネジメントを進めていきましょう。

■演習課題
① Aさんへのケアプラン実施の過程をまとめたうえで、モニタリングのポイントをあげてみましょう。
② Aさんのニーズに、買い物などの外出支援が新たに加わり、訪問介護により対応することになりましたが、この他インフォーマルな社会資源の活用もふまえてどのような対応ができるか検討してみましょう。
③ Aさんのケアプラン変更時に、「サービスは増やしたいが、自己負担が増えるのは困る」という要望がAさんや家族から出された場合、ケアマネジャーは、どのような対応をすればよいのか考えてみましょう。

Learning9　ケアマネジメントの実施と評価

17　ケアマネジメントの質と評価

■ケアマネジメントのレベルアップ

　ケアマネジメントの事例では、Aさんの事例のように比較的順調に生活支援が推移していく場合もあれば、予想以上に困難な場面にぶつかり、結果的に利用者や介護者の状態が悪化してしまう場合もある。自立度の向上や悪化の原因はさまざまな要因が重なって、それぞれの結果をもたらす。ケアマネジメントでは、その変化を予測しつつ健康状態やADLなどの向上、悪化の防止、生活の質（QOL）の向上、利用者のWell-beingのために、計画的・継続的にチームで支援することを目的とし、常によりよい支援を目指して効果的なアプローチが求められている。

　2000年4月から制度が開始された介護保険制度のなかに「居宅介護支援」としてケアマネジメントが組み込まれ、研修や実務を重ねつつケアマネジメントの方法論が蓄積されている。しかし現状においては、アセスメントにおいても、またケアカンファレンスやモニタリングにおいても未成熟な状況で、課題も山積している。2005年4月の法改正においても、「ケアマネジメントが不充分」と関係者から指摘され、ケアマネジメントのレベルアップに向けた各種の対応策が介護保険法や運営基準の改正、ケアマネジャーの報酬改定などにおいて図られたところである。

　ここでは、ケアマネジメントの質の向上やレベルアップに欠かせない、その評価について解説していく。

1．ケアマネジメントの質とは

　ケアマネジメントの質といっても、その違いが目に見えるようなものではないために、質の良し悪しを見極めることは簡単ではない。また、ケアマネジメントの中核を担うケアマネジャーにしても、個々人の専門資格やバックグラウンドも異なり、業務の進め方も一様ではない。そこで、ケアマネジメントの実践過程を振り返り、評価していくことが重要となる。

　介護保険法第80条で居宅介護支援事業者は、「指定居宅介護支援の事業の運営に関する基準に従い、要介護者の心身の状況等に応じて適切な指定居宅介護支援を提供するとともに、自らその提供する指定居宅介護支援の質の評価を行うこと（－中略－）常に指定居宅介護支援を受ける者の立場に立ってこれを提供するように努めなければならない」と定めている。また社会福祉法においても「福祉サービス提供の原則」（第5条）、「経営の原則」（第24条）「福祉サービスの質の向上のための措置等」（第78条）等で以下のような内容を定めている。

① 提供する多様なサービスについて、利用者の意向を十分に尊重し、保険・医療サービスなど関連するサービスと有機的な連携を図るように創意工夫を行いつつ総合的

に提供できるように事業の実施に努める。
② 社会福祉法人は社会福祉事業の主たる担い手としてふさわしい事業を確実、効果的かつ適正に行うため、自主的に経営基盤の強化を図るとともに提供する福祉サービスの質の向上、事業経営の透明性の確保を図らなければならない。
③ 社会福祉事業の経営者は、自ら提供する福祉サービスの質の評価を行うこと、常に福祉サービスを受ける者の立場に立って良質かつ適切な福祉サービスを提供するよう努めなければならない。
④ 福祉サービス利用者が、適切かつ円滑に利用することができるように、経営する社会福祉事業に監視、情報の提供を行うように努めなければならない。

ケアマネジメントの質に関する研究では、アメリカのDonabedianのケアの質に関する理論などをベースにした、「構造（structure）」「過程（process）」「結果（outcome）」の3つの要素から総合的に評価する方法が考えられている。

表17－1　評価の3要素

構造	→	建物、設備、資格、技術、運営基準、方針など
過程	→	説明、理解、同意、質問、体験、手続き、契約など
結果	→	効果、満足、不満足、負担軽減、悪化、安心、改善など

2．質の評価者

サービスの質の評価者としては、サービス利用者・介護者、一般市民、関心の高い市民（オンブズマンなど）、管理者、事業所の主任、従事者、第三者、同業他社などが考えられる。利用者・家族は満足度やプロセス、結果（アウトカム）について自らの体験に基づき評価することができる。常に利用者の意向に沿って、利用者本位の支援が求められるケアマネジメントにおいては、当事者である利用者評価を欠かすことはできない。一般市民は納税者として、また、被保険者としてサービスの周知度・理解度、使い勝手などから評価し、関心の高い市民オンブズマンなどは利用者の代弁者として、地域の活動家としての立場から制度やシステムをチェックすることができる。

（1）ケアマネジャーによる自己評価

ケアマネジャー（介護支援専門員）の場合は、ケアマネジメントプロセスに受付時から深くかかわり、「居宅介護支援に関する事業の人員及び運営に関する基準」のなかで、「構造（structure）」に関する人員基準や基本方針、「過程（process）」「結果（outcome）」に関する運営基準など、チームケアの推進者として守らなければならない事項が明記されている。ケアマネジャーによる自己評価チェックリストとして、本章末にあるAさんの事例の評価票（富山市で作成された「よりよいケアマネジメントのためのチェックリスト」）などを活用しているところもある。これはケアマネジャー

として得意なところ、苦手なところをチェックし、改善に向けて自ら努力する姿勢を求めている。

（2）認証団体等による第三者評価

ケアマネジメント等の評価を客観的な適切なものにするために第三者評価システムがある。国のガイドラインに沿って都道府県ごとに認証された評価機関により行われており、認知症高齢者グループホームの場合は、毎年第三者評価を受けることを義務づけ、評価結果も公開されている。現在の第三者評価の仕組みとしては、コミュニケーションが可能な利用者に分かりやすい質問等に答えてもらう利用者調査や家族介護者へのアンケートによる家族調査、サービスの担い手である一般従事者・主任・管理者等による自己評価、研修を受けた2名の調査員の訪問による評価等を組み合わせて総合的に評価している。評価項目は表17－2のとおりである。

評価結果には当該事業者の優れている点も示されているが、改善すべき点も提示されるので、事業者自らが評価結果を真摯に受け止め、改善への努力を重ねていくことが期待されている。

表17－2　事業評価分析シート

① リーダーシップと意思決定	
② 経営における社会的責任	
③ 利用者の意向・満足状況、経営環境、市場動向の把握	
④ 改善課題の決定と取り組み	ⅰ サービス情報の提供・案内
⑤ 職員と組織の能力向上	ⅱ 入所時の対応
⑥ サービス提供のプロセス →	ⅲ 標準的サービス水準の確保
⑦ 情報の共有化と活用	ⅳ 個別対応の重視
⑧ 1～7に関する活動内容	ⅴ サービスの実施
	ⅵ 安全管理
	ⅶ 要望・苦情・トラブルへの適切な対応
	ⅷ 地域との交流・連携

3．評価結果の情報公開

サービスの質に関する情報は、現在のサービス利用者のみならず、新たなサービス利用者にとっても居宅介護支援事業者やサービス事業者を選ぶ際の有力な手がかりになる。第三者評価結果は都道府県ごとに設置された第三者評価推進機構のホームページに掲載されているが、現状においては全ての福祉サービス業者に義務づけられているわけでなく努力義務になっているため、利用者が事業者を比較するためには情報量が少ない。

介護保険の介護サービスに関する情報ついては、利用者の主体的なサービス事業者の選択をうたっているところから、介護保険制度のスタート時より「利用者の選択に資するサービス事業者に関する情報提供」の検討がはじまっていた。数年がかりの検討結果を踏まえて、2006年4月の制度改正により「介護サービス情報の公表」が一部分ではあるが開始された。利用者の選択に役立てる情報提供という目的に照らして、すべての事業者が毎年受けることを義務づけ、評価は書類等で根拠が確認できる情報に基づき行われることを求めた。したがって評価者による判断のぶれが生じないように配慮されているので第三者評価とは目的が異なるものである。ケアマネジメントに該当する居宅介護支援も対象になっているので、調査が終了次第、都道府県ごとに設置される指定情報公表センターにより一元的に情報提供される。

4．地域包括支援センターとケアマネジメント

　平成18年4月実施の介護保険法改正により、市町村は人口2～3万人に1か所の目安で地域包括支援センターを設置することができることになった。地域包括支援センターは、①地域支援の総合相談、②虐待防止などの権利擁護事業、③介護予防のケアマネジメント、④包括的・継続的ケアマネジメント等の役割を担うが、④の業務は主任ケアマネジャーを中心に対応する。包括的・継続的ケアマネジメントとは、高齢者が住みなれた地域で暮らせるよう主治医、ケアマネジャーなど多職種協働・多職種連携による長期的・継続的ケアマネジメントのバックアップを行うことである。実際、ケアマネジメントを担っているケアマネジャーの所属事業所は2～3人のケアマネジャーしかいない小規模のところが多く、職場内で相談にのってもらったり、ケアマネジメントの指導ができるベテランケアマネジャーがいるところも少ない。このような状況ではケアマネジメントの質の向上は期待できないことから、地域包括支援センターに主任ケアマネジャーを配置してケアマネジャーの日常的個別指導・相談にのること、ケアマネジャーが抱える支援困難事例等への指導・助言を行うことが期待されている。そのほかにもケアマネジメントがスムーズに進められるように連携・協力のネットワーク作りを働きかけることも含まれている（p.52　図9－2参照）。

5．脳梗塞により左半身まひになったAさんのケアマネジメントの評価

　⑬～⑯まで見てきたAさんの事例については、目下進行中であり、モニタリングは必要に応じて、また定期的にも行い、ケアプランの見直しも行ってきたが、評価については、このテキストに掲載した段階では行っていない。そこで担当ケアマネジャーが、自分のケアマネジメントの進め方を振り返り、反省すべき点があるかどうか、章末の表17－3で自己評価してみたので参考にしていただきたい。

■主任ケアマネジャーからのコメント

　Ａさんも介護者のＢさんも安定した在宅生活が続いているようですね。何よりです。
　今回、Ａさんのケアマネジメントプロセスを一緒に勉強させていただきました。退院後自宅での生活がどこまで意欲的になるか少し心配していましたが、短期間のきめ細かなモニタリングで、Ａさんは「室内の移動が安全にできる」を予定通り約１か月で達成し、次の短期目標として「外出による気分転換を図る」というように発展しましたね。活動性を高めるには動きやすい季節になってきましたのでチャンスだと思います。活動を制限するわけではありませんが、張り切り過ぎないように着実に予定が進んでいるので、じっくりと計画に沿って進めていくように、自分で疲れの程度に合わせた調整ができるように、また妻のＢさんと仲良く励ましあってときどきは外出ができるようにお互いの生活のテンポを認め合っていけるように介護支援専門員として側面から支援を継続してください。

■演習課題
① Ａさんのこれまでの事例の経過を振り返り、利用者（Ａさん、妻のＢさん）の立場に立って、以下の点についてＥケアマネジャーのケアマネジメントを評価してみましょう。
　・援助目標（長期目標・短期目標）は、具体的で希望に叶ったものでしたか。
　・利用するサービスは、在宅介護を続けていくうえで十分な種類、回数が確保されていましたか。
　・介護保険以外のサービスや地域のボランティアなどの社会資源の説明や活用法の検討はありましたか。
　・ケアマネジャーは、必要な訪問や困ったときの相談に対応してくれましたか。
　・ケアプランの見直しや変更に十分対応してくれましたか。
② グループになり、あなたの評価と他のグループメンバーの評価を比較・検討して、Ａさんの事例をグループの評価としてまとめてみましょう。

表17-3　よりよいケアマネジメントのためのチェックリスト（Aさんへのケアマネジメントの評価）

※今回提出していただいた事例について、実際にできていると思う項目には○を、できていないと思う項目には×を、どちらとも判断がつかない項目には△を評価欄に記入してください。

1　課題分析（アセスメント）票から
　課題分析（アセスメント票）をみて、相談内容、家族や介護者状況とインフォーマルな支援の状況、段差や間取り等・住宅の状況、本人の基本動作等（ADL・IADL）の状況、社会交流（昔の職場仲間や地域の人との交流）、生活歴等の状況を具体的にとらえているかを確認しましょう。

（1）基礎的な事項	評価
1．課題分析表はもれなく記入できましたか。	○
2．特記事項が活用できましたか。	○

（2）相談内容	評価
3．相談者、相談経路、相談の経緯、相談方法、相談日時等が明確になっていますか。	○
4．内容が本人の言葉や家族の言葉で具体的に書かれていますか。	○
5．サービスを利用することにより、どのような生活を送りたいか把握されていますか。	○

（3）家族や介護者の状況	評価
6．家族構成図が適切に書かれていますか。同居者が囲んでありますか。	○
7．家族構成員の情報（年齢、職業、健康状態等）が把握されていますか。	○
8．家族関係や介護者の介護能力、介護に関する知識、実際に行われている介護の内容や回数、家族の介護に関する思い等をとらえることができましたか。	△

（4）インフォーマルな支援の状況	評価
9．親戚、民生委員、近隣、友人等との関係、訪問頻度、支援内容、受けたい支援等をとらえることができましたか。	△

（5）サービス利用状況	評価
10．サービスや制度の利用状況を明確にすることができましたか。	○

（6）経済状況	評価
11．おおよその収入と介護に対する可能な負担額を把握できましたか。	○

（7）生活歴	評価
12．本人がどこでどのような生活を送ってきたのか（職業、結婚歴、配偶者死別、転居等）、現在どのような生活をしているのか把握できましたか。	△

（8）住宅や環境などの状況	評価
13．段差の有無などを把握し、見取り図に記入できましたか。家具の配置等居室の状況がわかりやすく書かれていますか。	○
14．立地環境の問題点（例えば道路までの関係、付近の交通量等）や日常生活の支障などをとらえることができましたか。	○
15．住宅改修の必要性や実施状況が把握できましたか。	○

（9）本人の健康状態・治療・受診等の状況	評価
16．既往歴や現症は、発症から現在までの問題となっている症状や所見、介護が必要となった状況を記載できましたか。	○
17．受診状況や服薬状況を把握することができましたか。	○
18．体格（身長、体重等）が記載されてますか。	○

		評価
19.	麻痺や拘縮、障害の部位を明確に記入できましたか。	○
20.	通院方法や病院までの距離、介助の有無が把握されましたか。	○
21.	主治医意見書を確認し、主治医連絡を行い、情報を適切に得ましたか。	○

(10) 本人の基本動作		評価
22.	寝返りや起き上がり、立ち上がりの状況をとらえることができましたか。	○
23.	歩行はどれぐらいの距離をどれだけの時間でどのような方法で歩くことができるのか、その際、見守りや介助が必要か、障害や疾患との関連性等をとらえることができましたか。	○
24.	浴槽は自分でまたぐことができるか、身体は自分で洗うことができるか、入浴の頻度や方法、障害や疾患との関連性等をとらえることができましたか。	△
25.	食事の内容・形態や量、回数、必要なカロリー、栄養バランス、味付けの好み（塩辛いものが好きなど）、自分で食べることができるか、見守りや介助が必要か、障害や疾患との関連性等をとらえることができましたか。	×
26.	嚥下は自立しているか、水分や食事の内容・形態、摂取時の体位等により、むせや誤嚥がないか等をとらえることができましたか。	△
27.	1日に必要な水分量を把握しましたか。また、必要な水分量を摂取できているか、脱水の危険がないか等、把握できましたか。	△
28.	尿意、便意があるか、失禁はないか、量や性状ははどうか、どのような方法で排泄しているか、排泄の後始末が自分でできるか、食事、水分摂取、障害や疾患との関連性等をとらえることができましたか。	△
29.	ズボンの上げ下げ、衣類の脱着等はどこまで自分ででき、どこから介助が必要か、障害や疾患との関連性等をとらえることができましたか	○
30.	う歯がないか、かみ合わせ具合はどうか、入れ歯かどうか、歯みがきの状況等をとらえることができましたか。	○
31.	調理、掃除、金銭の管理等をとらえることができましたか。	○

(11) 問題行動状況		評価
32.	行動上の障害や、精神症状の頻度や持続性、具体的な状況、日差変動、日内変動等が把握できましたか。	△

(12) 社会交流の状況、コミュニケーション		評価
33.	昔の職場仲間や他の人との交流をもっているか、地域の行事への参加や趣味活動の有無、本人の意向等を把握できましたか。	×
34.	本人のコミュニケーション手段や方法が明確になっていますか。	○

(13) 心理・ストレス		評価
35.	今の状況をどのように受け止めているのか等、本人及び家族の心理的な負担やストレスの状況をとらえることができましたか。	○
36.	本人の生活リズムや1日の過ごし方が把握できましたか。	×
37.	援助を必要とする時間帯や内容を明らかにすることができましたか。	○
38.	アセスメントで得られた情報が分析でき、まとめることができましたか。	○
39.	ケアマネジャーとして、各々の課題の解決すべき内容についてその対応を記載することができましたか。	○

2　居宅サービス計画書（第1表）から

本人及び家族の生活に対する意向をとらえることができたか、認定審査会の意見や主治医の介護に関する意見、ADLやQOLの向上を目指した総合的な援助の方針を立てることができたか確認しましょう。

（1）本人及び家族の生活に対する意向	評価
40．課題分析から得られた本人や家族それぞれの主訴や思いが区別されて表現できましたか。大事なことは本人や家族が発言した言葉で記載できましたか。	○
41．どこで、どのような生活を送りたいのか把握できましたか。	○
42．状況や経過でなく、本人や家族の意向を記載しましたか。	○
43．本人及び家族の思いが、時間の経過にあわせて具体的に把握し、記載しましたか。	○

（2）総合的な援助の方針	評価
44．「利用者及び家族の生活に対する意向」に対応できましたか。	○
45．サービス内容の羅列でなく、チーム全体で取り組む援助の方針を立てることができましたか。	○
46．自立に向けた個別性のある援助方針ができましたか。	△
47．緊急時の対応や医療との連携を組み込むことができましたか。	○
48．本人や家族が望む生活を目指して取り組むことができるようわかりやすく記載できましたか。	○
49．表現は本人や家族にわかりやすく記載できましたか。傷つける内容になっていませんか。	○

3　居宅サービス計画書（第2表）から

総合的な援助の方針を受けて、本人の自立支援、QOLの向上、介護者の介護負担の軽減を図るために、ニーズを適切にとらえ、ニーズに対して目標が立てられ、目標を達成するための援助内容が具体的に立てられたか確認をしましょう。

（1）生活全般の解決すべき課題（ニーズ）	評価
50．受け止めたニーズをもれなくあげることができましたか。	○
51．ニーズの発生要因と予防をふまえてとらえることができましたか。	○
52．ニーズは本人及び家族が自立を目指して意欲的に取り組むことができるようになっていますか。利用者が持ち合わせている可能性も課題としてとらえることができましたか。	○
53．疾患に対する医学的管理の必要性をとらえることができましたか。	○
54．優先度の高いものから記載できましたか。	○

（2）長期目標、短期目標	評価
55．ニーズにあった目標を設定できましたか。	○
56．達成可能な具体的な目標を設定できましたか。期間は開始時期と達成予定時期が記入できたましたか。	○
57．1回目、2回目とケアプランを作成していくなかでモニタリングの結果をふまえることができましたか。	○

（3）目標に対する対策（介護内容、サービス種類、回数等）	評価
58．短期目標の達成に必要な援助内容、回数、サービス種別になっていますか。	○
59．援助内容には、送迎や食事、入浴（特殊浴）、機能訓練等、加算の対象になるものを記載しましたか。	―
60．サービスは、介護保険サービスに限らず、高齢者や障害者の福祉サービス、保健事業等の他制度によるサービス、家族を含むインフォーマルサービスが計画されていますか。	○

4 週間サービス計画表（第3表）

利用者の過ごし方を把握し、ニーズを解決するための週間サービスを計画的に立てることができたか確認しましょう。

（1）週間サービス計画表	評価
61．主な日常生活上の活動や週単位以外のサービスを書きましたか。	○
62．課題の解決に適したサービス時間や時間帯になっているか、本人及び家族の生活リズム等を考慮できましたか。	○
63．頻度や時間がわかるように記載できましたか。	○
64．家族の休日に介護負担を偏らせずに計画できましたか。	○

5 サービス担当者会議の要点（第4表）、サービス担当者に対する紹介内容（第5表）

サービス担当者との連絡調整の課題設定や、相手が適切か、結論や残された課題が明確になっているかを確認しましょう。

（1）サービス担当者との連絡調整の課題設定	評価
65．連絡調整やサービス担当者会議は、アセスメント結果やケアプラン等からその人の個別性に応じた具体的な課題が設定できましたか。	○
66．主治医やサービス事業者との連絡調整やサービス担当者会議の開催時期が適切にできましたか。	○

（2）連絡調整の相手	評価
67．サービス担当者会議に本人や家族、主治医が出席していますか。会議に欠席する人がいた場合、事前に第5表で連絡をし、意見を聞いていますか。	○
68．第5表はサービス担当者間で必要な情報を共有する内容になっていますか。	○
69．サービス事業者や関係機関との連携は円滑にできましたか。	○

（3）結論や残された課題	評価
70．いつまでに誰が何をするのか具体的に決めることができ、その結果を記載できましたか。	○
71．会議で解決できなかった残された課題が整理できましたか。	○

6 居宅介護支援経過（第6表）

居宅介護支援経過が適切に記載されているか、モニタリングが必要に応じて適切に実施されているか、モニタリング結果がケアプランに反映されているか確認しましょう。

（1）居宅介護支援経過	評価
72．居宅介護支援経過には、5W1Hがわかるように記載しましたか。	○
73．居宅介護支援経過には、事実、ケアマネジャーとしての判断、ケアプラン修正の必要性の有無が記載できていますか。	○
74．新たな課題が発生した場合、適切な対応や行動が迅速にできましたか。	○
75．面接時の本人や家族の言葉等、リアルな表現で現状把握したことを記載できましたか。	○

（2）モニタリングの実施	評価
76．モニタリングの頻度は利用者の状況に応じて適切に実施できましたか。	○
77．モニタリングの相手や方法は適切でしたか。	○
78．本人及び家族のサービスに対する満足度、効果、サービス利用時の状況等が、本人及び家族、サービス事業者等から把握できましたか。	○
79．短期目標の期間に応じて目標の達成具合、サービス内容等が把握できていますか。	○

（3）モニタリング結果のケアプランへの反映	評価
80. モニタリング結果を本人及び家族、サービス事業者に伝えることができましたか。	○
81. モニタリング結果をふまえ、ケアプランや個別サービス計画の修正ができましたか。	○
82. サービス事業者が把握している新たなニーズがある場合、ケアプランに反映しましたか。	○

7　サービス事業者の個別サービス計画

　個別サービス計画は、ケアプランの内容を受けたものか確認しましょう。

（1）個別サービス計画	評価
83. 個別サービス計画はケアプランとマッチしていますか。	○
84. サービス事業者が新たなニーズを把握していますか。	×
85. 目標の設定は適切ですか。サービス内容に対する時間の設定は適切ですか。	○
86. 本人の生活歴からとらえられた個別性に準じたサービス内容になっていますか。	○
87. サービスを提供していく上での具体的な手順や内容が示され、誰もが行っても適切なサービスが提供されていますか。	×
88. 自立をそこなわないための留意点が記載されていますか。	×

資料　富山市『よりよいケアプランを目指して』「よりよいケアマネジメントのためのチェックリスト」(2006年)より抜粋して構成

Learning 10　ケアマネジメント演習

18　高齢者のケアマネジメント事例①
―ガン末期にある高齢者のターミナルケア―

> ■事例を読む視点
> 　高齢者の多くは、住み慣れた自宅で家族に見守られながら、最期を迎えたいと願っている。しかし、実際にはこうした高齢者の思いに反して、自宅ではなく病院で死を迎えるケースも多い。在宅でのターミナルケアには、それだけ課題が多いともいえるが、それでも、最近では訪問診療の増加や訪問看護事業の充実等により、在宅ターミナルケアに取り組むケースが以前からみれば多くなってきた。いかに死を迎えるかは、いかに生きるかということでもある。たとえ、不治の病を患ったとしても、最期まで人としての尊厳を保ち、その人らしく暮らすことができるよう、ターミナル期のケアマネジメントのあり方が模索されているといえよう。
> 　本事例は、ガン末期にあるGさんに対する、在宅ターミナルケアのケアマネジメントの事例である。Gさんの事例を通して、医療職との連携や、生活環境の整備、本人や家族への支援など、ターミナル期を迎えた高齢者に対するケアマネジメントのあり方やケアマネジャーの役割について学ぶ。

1．事例の概要

★ケアマネジャーのプロフィール

- 所属機関　　　Bケアサービス（居宅介護支援事業所）
- 職　　種　　　介護支援専門員（看護師・社会福祉士）
- プロフィール　Dケアマネジャー　55歳・女性
　　　　　　　　看護師として病院に30年勤務し、平成10年に介護支援専門員の資格を取得。平成12年より居宅介護支援事業者のBケアサービスに勤務する。以来、介護支援専門員として5年となる。

★本人のプロフィール

- 利用者　　　　Gさん　67歳　男性
- 家族構成　　　妻と長男夫婦と孫1人の5人家族。他市にて一家で寿司店を経営している。平日は長男夫婦が店を切り盛りしているが、週末や祝日は妻も店を手伝っている。Gさん夫妻には、長男の他長女がおり、他県に嫁いでいる。

【家族関係図】

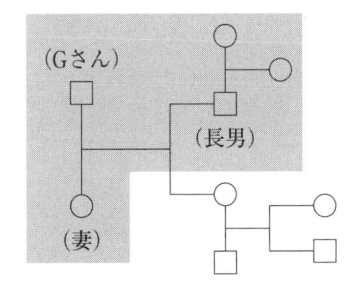

2．ケアマネジメント導入に至る経過

　Gさんは、平成元年に脳内出血を発症し、入院治療を受ける（失語症を伴う）。平成5年頃より糖尿病を患う。平成17年8月、自宅で転倒し、T病院に受診。第12胸椎圧迫骨折・脊椎骨粗鬆のため入院となる。その時の検査で肝臓の腫瘍と骨転移が発見された。主治医より、Gさんが余命3か月であると家族に宣告される（Gさんに告知はされていない）。主に腰部に痛みがあるが、痛み止めと麻薬の座薬により、腰痛が落ち着いてくる。自宅で暮らしたいというGさんと、Gさんの希望に添いたいという妻の意向により退院することになった。その時点でT病院より、Bケアサービスへ連絡があり、ケアプランの作成を依頼された。

3．ケアマネジメントの導入

（1）初回面接（インテーク）

　退院に先立ち、外泊訓練のため10月中旬に4日間の予定で帰宅となった。退院後の支援について相談のため、DケアマネジャーはT病院の医療ソーシャルワーカー（MSW）とGさん宅へ同行訪問する。いすに腰掛けているGさんに挨拶をすると、「お願いします」と返される。失語症はあるものの簡単な会話は問題がなかった。あらかじめMSWよりGさんの心身の情報を得ていたため、意向を含めその情報の確認と新たに居住環境などの情報収集を行った。同時にGさんや妻との関係形成に配慮しつつ、介護保険の制度やサービスの中身について説明を行った。なお、介護保険の申請はすでに終了しており、1週間後に介護認定の調査を受けることとなった。

（2）アセスメント

　初回面接を終えたDケアマネジャーは、T病院からの情報と面接で得られた状況をアセスメントシートにまとめていった。Gさん本人からは「自宅で暮らしたい」との意向を確認できたが、具体的な希望はなかったため、介護者である妻との相談のなかからニーズの把握に努めた。妻からは、土・日・月・祝日と仕事に行くので、その間の安否確認と食事をみてほしいとの希望があった。外泊を終えた後、一旦病院へ戻り11月15日に退院することとなった。本人の状況は以下の通りであった。

【ADLの状況】
- 移　　動：屋内は自力歩行可能（布団に寝ており、起き上がりは時間がかかる）。
- 食　　事：セッティングすれば自力で摂取できる。
- 排　　泄：トイレを使用し何とか自力で可能。
- 入　　浴：一部介助
- 更　　衣：一部介助
- 整　　容：声かけにより自分で行う。

【健康状態】
- 既往歴：脳内出血
- 健康状態：肝臓癌、糖尿病

【生活状況】
- コミュニケーション：失語症があるも簡単な会話は可能。
- 住居の状況：木造2階建。Gさんの部屋は8畳間。1階茶の間に隣接している。トイレと浴室へは比較的近い。

（3）問題とニーズ

　Dケアマネジャーは、アセスメントシートから、在宅で支援していくための課題について、次のように整理した。
- 家で過したい。
- ときどき肝臓癌による痛みがある（苦痛がないようにしたい）。
- 食欲はあるが、ときどき吐気や嘔吐がある。
- 家で風呂に入りたい。
- 立ち上がりが困難になることがある。
- 状態の悪化に対する本人の心配がある。
- 定期的に通院の必要がある。

（4）支援計画（ケアプラン）の作成

　Dケアマネジャーは、把握したニーズを踏まえ、訪問看護、訪問介護、T病院MSW、主治医、福祉用具事業者などの関係者とサービス担当者会議を開催し、支援方針・支援計画・役割分担などを話し合った。その結果、総合的な援助の方針については、次のように設定した。
- 妻の不在時における安否確認・食事など、必要な援助を行う。
- 安全に在宅生活が送れるよう、環境を整える。
- 体調に注意し、医療と連携をとりながら対応する。

4．ケアプランの実施と援助過程

（1）ケアプランの実施による在宅生活の開始

11月15日　Gさんは予定通り退院となる。布団からの立ち上がりやトイレまでの移動

は何とか自力で行えたが、Gさんの負担軽減と安全性の確保のため、事前に特殊寝台とポータブルトイレを手配し設置した。妻からは「丁度よくて、夫が大変気に入って喜んでいます、ありがとうございます」との感謝の言葉が述べられた。妻の不在時の安否確認や食事の準備などは、訪問介護が対応する。サービスが提供されるとGさんは「昼食が美味しい」と訪問介護を楽しみにしているようであった。

12月6日　T病院に定期受診。特に変わりなく、次回は5週間後の受診予定となる。この頃より、下肢機能の低下が目立つようになる。妻からは、入浴介助が大変になってきているので、サービスの導入の相談がある。

12月15日　状態が急変し、T病院に救急入院となった旨、妻から連絡がある。

（2）再退院に向けた再アセスメントとケアプランの見直し

入院後1か月が経過する。痛みが落ち着き、食欲も出て状態が安定してきたため、退院許可が出る。本人も「家に帰りたい」という。しかし、病気の進行により体力低下があり、寝たきり状態となっている。痛みのコントロールを行い苦痛のない在宅生活が続けられるよう、再アセスメントとケアプランの見直しを行うこととした。

サービス担当者会議では、妻の参加も得て、以下の点について検討を行った。

● 入浴に関して、主治医に確認したところ、通所系のサービスは負担が大きく禁止とのことで訪問入浴により対応することとした。

● 疾病と痛みの管理は、ターミナルということで医療保険の訪問看護（緊急時、特別管理加算付き）で対応する。

● 右腸骨部に発赤、左腸骨部に糜爛（びらん）があり、訪問看護により処置と清潔保持を行い、エアマットに交換し除圧に努めることとした。

● 排泄については、尿は留置カテーテルを挿入する。便はオムツ内排泄とし、訪問介護と家族が対応する。

● 食事は自力にて少量摂取できるが、嘔吐がみられることがあるので見守る。疲れがあるときは訪問介護、または家族が介助する。

（3）再退院から在宅での看取りまで

1月17日　退院となる。1週間後、はじめて訪問入浴を利用。訪問入浴事業者からGさんが大変喜んでいたとの報告がある。

1月31日　妻に状態を確認する。吐き気・嘔吐はみられないが、食欲はない。おやつ系のものを少しずつ食べるという。便意なく、黒い水様便が出ている様子。お尻を上げられないので、おむつ交換が大変とのこと。

2月14日　M訪問看護師に状態を確認する。痛みは麻薬の鎮痛パッチでコントロールされている。食事は嘔吐なく、少量ずつ摂取。褥そうは治癒している。妻は、「痛みもなくて辛そうでもないので、最期まで家で看たい」という。在宅ターミナルで対応するため、在宅医を検討。T病院、M訪問看護師、妻と相談した結果、K医院に依頼する。

2月23日　訪問看護に合わせてGさん宅を訪問する。下肢浮腫、腹部膨満あり。介護量が多くなるにつれ支給限度額を超える可能性があるため、介護状態区分変更申請を行う。

2月28日　K医院から初回の往診がある。K医院の緊急連絡先を確認する。

3月2日　M訪問看護師に連絡し状況把握を行う。Gさんの状態が悪化してきている。本人への告知は家族で話し合って決めてもらうよう伝えたという。

3月10日　Gさん宅を訪問し、様子を聞くと「痛みはない」「いつもありがとう」と挨拶がある。顔はやせているが、腹水で身体は大きくなっている。

4月7日　訪問入浴事業者より報告。全身の浮腫が進行。入浴は非常に喜ぶが身体的な負担が大きい。仙骨部に褥そうがある。

4月18日　褥そうが悪化。訪問看護が週4回となる。妻と今後の相談をする。介護が大変なら入院できる旨を伝えると「大変だけど、本人が家の方がよいに決まっているし…でもこの前も、自分のために忙しくてごめんね…と言ってくれたので涙が出た。頑張って食事を食べて体力をつけてS公園に行こうね、と話している」という。

5月2日　妻より訪問入浴のキャンセルが入る。入っている間はよいが、前後の負担が大きいとのこと。

5月8日　呼吸苦あり、処置自体が本人に苦痛をもたらしている様子。

5月18日　M訪問看護師より連絡あり。昨日より下顎呼吸となり、血圧も70mmhgに低下し、妻が付き添っている。夕方、妻より「本当にお世話になりました。ずっとそばに居てあげられたので、よかったです」と息を引き取った旨連絡がある。

5．事例の考察

　Gさんは、妻が見守る中、約5か月間の在宅生活を終えた。在宅でGさんのターミナルケアを進めることができたのは、次の要件を満たしたことによるであろう。①自宅で暮らしたいという本人の思いと、その願いを叶え在宅で看取りたいという家族の意向があったこと、②医療との連携、協力体制を築けたこと、③本人の状況の変化にあわせて生活環境を整えることができたこと、である。

　家族はだれしも、本人が苦痛のない状態で安らかに最期を迎えることを願っている。したがって、最初は「在宅で看とりたい」という思いがあっても、病状が悪化し本人に苦痛が伴ってくれば、家族の気持ちも在宅か病院かで揺れ動く。介護量が増大し介護者自身の身体的・精神的負担が大きくなってくればなおさらであろう。本事例では、①に関してケアマネジャーは、介護者に対し病状の悪化にともなう負担感にも配慮しながらその意思を再確認している。このように状況に応じてその意思を確認することが大切である。同時に本人や家族に対し、ケアマネジメントによって、いかに支援体制を整え継続していけるかである。

　支援体制の1つとして欠かせないのは②の医療との連携・協力体制である。本事例

では、当初から訪問看護師との連携、協力体制のもと疾病や痛みのコントロールが行われている。また、往診医の確保ができたのも必要な働きかけであった。医療面とともに、③の生活面の援助が重要である。本人が安楽な生活が送られよう住環境を整えたり、少しでも生活のなかの楽しみを引き出したりするような支援が求められる。また、介護者の介護負担の軽減を図ることも重要である。本事例でも、Gさんの状況の変化にあわせて、訪問介護などの関係事業者にきめ細かく働きかけている。

　ところで、本人、家族への精神的な支援という点ではどうであろうか。介護支援経過からはケアマネジャーをはじめ、関係者のやさしく丁寧な働きかけを読み取ることができる。②と③による働きかけも心強い支えであったといえよう。しかし、本人の不安や家族の葛藤、告知の問題など、精神面そのものへの援助の必要性はどうであったであろうか。これらのニーズや援助目標が明確であれば、より意識的なかかわりができたのではないだろうか。精神面の支援について、誰が中心になって担うかを計画化し、サービス担当者会議などで、共通理解と意思統一を行うことが大切といえよう。

【参考文献】
金川克子・野口美知子監修、天津栄子編集『最新高齢者看護プラクティス―認知症ケア・ターミナルケア』中央法規出版　2005年
『月刊ケアマネジメント』第15巻第3号　環境新聞社　2004年

■演習課題
① 在宅ターミナルケアを可能とする前提条件として何が必要か、整理してみましょう。
② 在宅ターミナル期に利用できる介護保険と医療保険について、どのような内容のサービスがあるかあげてみましょう。
③ 遺された家族に対するグリーフケア（悲嘆を癒すケア）の意義と、だれがそれを担えばよいのか考えてみましょう。

Learning10　　ケアマネジメント演習

[19] 高齢者のケアマネジメント事例②
―認知症高齢者の在宅生活支援―

■事例を読む視点

　認知症高齢者のケアに必要な視点は、彼らの行動を記憶障害や見当識障害などの機能障害に起因する問題行動とされるもの自体に目を向けるのではなく、記憶や認識がはっきりしないために彼ら自身が感じている不安やストレスが表出された二次的な行動障害であると捉え、本人の生活全体をケアの対象にする視点である。

　本事例は、認知症高齢者の在宅生活支援に向けたサポートの構築を目指したケースである。

　アセスメントでは、本人のADLや認知の状態と合わせて、日中の活動や役割、趣味や楽しみ、友人関係などの生活の質を重点的に注目する必要がある。とくに在宅生活支援を行う場合は、家族、なかでも同居家族にも注目しなければならない。同居家族は本来、長年一緒に暮らしてきた本人のことをよく知っているはずであるが、認知症によってそれまでの知っているはずの本人の様子からの変化に戸惑い、苦悩していることが考えられる。また、在宅生活を継続するうえで重要になってくる地域住民の認知症に対する理解と支援体制にも注目する必要がある。

　ケアプランの作成では、本人の立場に立って介護保険サービスの利用計画を立て、実施についても提供者による視点のずれを調整し、共通の目標に基づく内容を提供することが求められ、その中心的役割をケアマネジャーは担わなければならない。同時に、在宅で生活する認知症高齢者と地域を結びつけ、地域住民が認知症による問題を自分たちの地域の問題として考え合い、支援する体制づくりを実践することも必要となる。

　現行の介護保険サービスの有効活用に加えて、介護保険以外のサービスについても検討し、さらには、介護保険制度のさらなる充実を求めていく姿勢も必要であろう。

1．事例の概要

★ケアマネジャーのプロフィール

・所属機関　　　Ａ苑居宅介護支援事業所
　　　　　　　　（介護老人保健施設Ａ苑・Ａ苑在宅介護支援センター併設）
・職　　種　　　介護支援専門員（社会福祉士・介護福祉士）
・プロフィール　Ｉケアマネジャー　38歳　女性
　　　　　　　　Ｉケアマネジャーは、社会福祉系大学を卒業と同時に社会福祉士を取得。医療法人の介護老人保健施設Ａ苑に勤務し、介護職員となった。その後、実務経験を経て介護福祉士も取得する。併設の在宅介護支援センター相談員、関連の病院ソーシャルワーカーとして勤務

し、介護支援専門員の資格を取得した後、A苑居宅介護支援事業所にてケアマネジャーとして勤務するようになった。

★本人のプロフィール

- 利用者　　　Bさん（75歳・女性）
- 相談者　　　娘（50歳）
- 家族構成　　Bさんは夫と2人暮し。娘は嫁いでいるが、近くに住んでいてときどき両親の様子をみている。息子は自宅を建てているので、実家には帰らない予定であり、息子家族との交流も少ない。

【家族関係図】

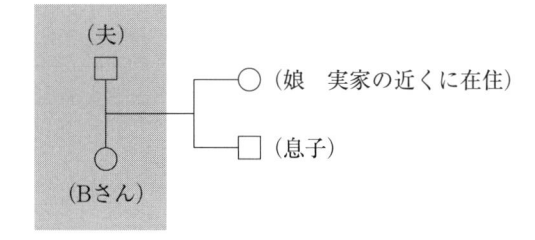

```
（夫）
　□────○（娘　実家の近くに在住）
　　　　 □（息子）
　○
（Bさん）
```

2．ケアマネジメント導入に至る経緯

Bさんは脳梗塞のため入院したが、治療の経過は良好で、リハビリテーションによりADLはほぼ自立となり退院した。しかし、退院後よく物を失くしたり、物を盗られたと訴えたりと認知症による症状とみられる行動が出るようになり、夫も戸惑い、近隣住民との関係も悪くなってきた。娘は、高齢である両親2人での生活に不安を感じ、入院していた病院に相談に訪れた。病院のソーシャルワーカーは認知症の治療と在宅生活支援が必要とし、在宅生活支援の目的でA苑居宅介護支援事業所に相談が入った。

3．ケアマネジメントの導入

（1）初回面接（インテーク）

A苑居宅介護支援事業所のIケアマネジャーは娘と面接を行い、Bさんに対する娘の気持ちを傾聴し受けとめた。そこから、Bさんの状態を確認し、それから夫も交えて対応方法について一緒に考えていくことを伝えた。

後日、Bさん宅を訪問し、娘と夫同席のもとBさんと面接を行った。Bさんは、ケアマネジャーを警戒しながら、ときどき物を失くすことや、記憶が消失すること、家事が段取りよくできないことに不安を感じていることを話した。

（2）アセスメント

Iケアマネジャーは、娘との面接やBさん宅への訪問から得られた情報をもとに、以下のようにアセスメントの結果をまとめた。

【ADLの状況】
- 寝返り・起き上がり・座位保持：自立
- 立ち上がり・立位保持：自立
- 移　動：自立
- 食　事：自立　食欲はあり、1日3回食べている。
- 排　泄：自立　尿意・便意はあり、排泄の失敗はない。
- 入浴・整容：自立　入浴は浴槽の出入り、洗身共に自立。整容も自立している。
- 着替え：自立（一部見守り）　上衣の着替えに少し時間を要するが自立している。
- 家事・IADL：自立　掃除・洗濯・寝具の整頓・食事準備片づけなど自立しているが、段取りなどがよくないこともあり、不安定である。

※　障害高齢者の日常生活自立度（寝たきり度）判定基準は「J1」でADLは基本的に自立しているが、認知症のため早さと正確さが不安定である。

【健康・精神状態】
- 既往歴：脳梗塞後遺症があるが、症状は安定している。
- 拘　縮・まひの状況：軽度の左上肢まひがある。関節可動域の制限はない。
- 理解・コミュニケーション：ときどき記憶が消失するが、他者に意思を伝えることはでき、不安定であるが他者の指示も理解できる。ときどき、物盗られ妄想がみられ、大きな声を出す（認知症高齢者の日常生活自立度判定基準　Ⅱa）。

【社会生活の状況】
- 金銭管理：夫が管理しているが、今後に不安がある。
- 社会参加：生活は、屋内中心で近所付き合いは入院前に比べて希薄になってきている。外出は自宅近くのスーパーなど買い物に週2回ほど夫と行く程度で趣味活動などは行っていない。
- 介護状況：同居の夫がBさんを1人にするのが心配で毎日かかりきりである。夫の健康状態は良好であり、介護の継続意思もあるが、家事はあまり得意ではない。また、Bさんの様子が気がかりになっているため、自分の時間がほとんどなく、他者との交流も少ない。

（3）問題とニーズ

　Bさんは、左上肢に軽度のまひがあるもののADLはほぼ自立している。しかし、認知症のために複雑な判断を必要とする家事などは十分に行えない。コミュニケーションは、相手の話を理解し、意思を伝えることは可能であるが、記憶が抜け落ちていたり、同じことを繰り返し話したりとスムーズにいかないことがある。しばしば物盗られ妄想がみられるために、近隣の住人との関係の悪化が懸念される。また夫がBさんにかかりきりになっているため、夫自身の生活の質が確保されておらず、認知症のBさんとのかかわりに段々とストレスを感じるようになってきている。さらに、夫自身も高齢のため将来への不安がある。

本ケースにおけるニーズは、重介護状態になることを予防し、在宅での生活を継続すること、夫の介護負担を軽減すること、地域の住人との関係を調整し、支援体制を整えることなどが考えられた。
　なお、要介護認定の結果は、ADLが自立しているということもあり、要介護1であった。

（4）支援計画（ケアプラン）の作成

　ケアプランの作成にあたってIケアマネジャーは、家事機能を補足することや、Bさんの社会性や認知機能の維持などと、夫の介護負担を軽減するためのサービスを考え、以下のような視点でケアプランの原案を作成した。

● 介護保険による訪問介護（ホームヘルプ）を週2回利用することにより買い物・洗濯・掃除など家事の支援を行う。
● 介護保険による通所介護（デイサービス）を週1回利用することによって、機能維持・改善を図る。
● 地域の住民の認知症への理解の促進と協力をすすめていくため、社会福祉協議会に協力を求め、Bさんの住む地域で見守り体制づくりを進める。

　このなかで、特に、長期的に在宅生活を継続していくために、介護保険制度によるサービスだけではなく、地域のインフォーマルな支援を形成していくことに留意し、市社会福祉協議会の地域福祉活動専門員、地域の民生委員に協力を依頼した。

4．ケアプランの実施と援助過程

　介護保険によるサービスを開始するにあたっては、サービス担当者会議を開催し、各担当者とBさんの状況について確認を行った。ホームヘルパーの導入を開始することにBさんは同意し契約したものの、実際にホームヘルパーが自宅を訪問すると、受け入れは良好ではなかった。しかし、同一のホームヘルパーが、Bさんと一緒に家事などを行うことなどによって、段々となじみの関係を形成していった。

デイサービスについても、Bさんは当初は通うことをためらっていたが、送迎のケアワーカーの声かけや誘導によって出かけている。デイサービスでは、認知症の進行を予防するためのプログラムなどに参加し、穏やかに過ごされている。

地域住民の認知症への理解の促進と協力については、市社会福祉協議会の地域福祉活動専門員と民生委員がBさんのご近所に働きかけ、Bさんとの自然な近所づきあいや見守りの体制ができつつある。

5．事例の考察

本事例は、認知症高齢者が在宅生活を継続するために介護保険サービスの活用及び地域のインフォーマルな支援の形成を図った事例である。

ホームヘルパーの導入やデイサービスへの参加によって、Bさんの認知症に目立った進行はみられず、穏やかに過ごされている。また、サービス利用によって夫の介護負担が軽減され、Bさんとの関係にもゆとりがもてるようになってきている。地域の支援についても段々と理解が深まり、地域住民がBさんを見守っていこうとする体制ができつつある。なお、市社会福祉協議会からこれを契機にBさんだけでなく、この地域のなかで認知症など課題をもつ人たちの見守りネットワークを立ち上げる話も出てきたと、Iケアマネジャーに連絡が入ったという。ケアマネジメントにおいて、地域のインフォーマルなサービスの重要性を改めて認識する展開である。

今後は、高齢の夫のケアも含めた将来を見据えた在宅生活の継続のための支援計画も念頭に入れておく必要がある。

介護保険によるサービスは、主に身体的な機能障害を対象として、身体の残存機能の活用、回復を重視した自立支援を目的としており、認知症を主症状とする人の場合、要介護度認定でも軽い判定になってしまいがちである。サービスにおいても必要十分に整備されているとはいい難く、ホームヘルプで身体介護を行わない雑談のような話し相手になったり、デイサービス利用時に個別に外出したりすることは介護保険サービスとして認められていない。認知症に有効なケアを現行の介護保険サービスのみで実行することは不可能といえる。

ケアマネジャーは、チームによるケアの要の役割を担っており、地域の関係機関、サービス提供者、医療機関など多くの関係者と利用者、家族の間に立って調整し、利用者が地域でできる限り自立した日常生活を送ることができるようにケアプランを立て、実行していかなければならない。そのためにも、さまざまな社会資源の活用と開発、とくにインフォーマルサービスの支援を必要としている高齢者の状態に応じてケアプランに導入し作成することは重要である。

【参考文献】

社団法人日本社会福祉士会編『改訂・ケアマネジメント実践記録様式Q＆A』中央法規出版 2006年
認知症介護研究・研修東京センター他編『改訂認知症の人のためのケアマネジメントセンター方式の使い方・活かし方』認知症介護研究・研修東京センター　2006年
日本認知症ケア学会編『改訂・認知症ケア事例集』日本認知症ケア学会　2006年
社団法人日本社会福祉士会編『社会福祉士実践事例集Ⅱ』中央法規出版　2001年
高齢者保健福祉相談実務研究会編　『高齢者保健福祉の相談実務』第一法規出版　1997年

■演習課題
① この事例においてのインフォーマルなサポートネットワークの効果と限界について考えてみましょう。
② 認知症高齢者が地域で生活するうえで、事例で活用したサービスの他、どのような保健・医療・福祉サービスの利用が効果的かを考えて、あなたなりのBさんのケアプランを考えてみましょう。
③ Bさんの認知症が進行し、在宅での生活の継続が困難になった場合、ケアマネジャーはどのような選択肢を提示できるでしょうか。本人の希望をどのように汲み取るのか、その過程も含めて考えてみましょう。

Learning 10　　ケアマネジメント演習

20 高齢者のケアマネジメント事例③
―介護老人保健施設からの家庭復帰支援―

> ■事例を読む視点
> 　介護老人保健施設はもともと利用者の家庭復帰を目的として制度化された施設であったが、介護保険制度導入後は、利用者の要介護度が重度化し在宅復帰を支援することが困難になってきている。そのようななかで、本ケースはケアマネジャー（介護支援専門員）が介護老人保健施設入所中から利用者の状況や家族状況などを十分に把握し、家族の精神的不安感を取り除く努力をしたことで家庭復帰を果たした。
> 　ケアマネジャーは、日頃からさまざまな社会資源のネットワーク化を行うとともに適切なサービスを利用者に結びつけることが必要であるが、それ以前に利用者本人や家族の不安感を取り除くための働きかけが求められる。

1．事例の概要

★ケアマネジャーのプロフィール
- 所属機関　　　介護老人保健施設M苑居宅介護支援事業所
- 職　　種　　　介護支援専門員（社会福祉士）
- プロフィール　Fケアマネジャー　35歳　男性
　　　　　　　　Fケアマネジャーは、福祉系大学を卒業後、特別養護老人ホームに勤務し、リハビリ担当となった。その後、系列の介護老人保健施設ができることになり、介護老人保健施設M苑へ移動。介護保険法の成立とともに、介護支援専門員の資格を取得し、併設の居宅介護支援事業所にてケアマネジャーとして勤務するようになった。

★本人のプロフィール
- 利用者　　　　Aさん　84歳　女性
- 相談者　　　　娘　60歳
- 家族構成　　　娘（長女）夫婦と同居
　　　　　　　　娘婿は日中仕事に出ており、介護は専ら娘にかかっている。この他息子がいるが単身でかかわりは薄い。

【家族関係図】

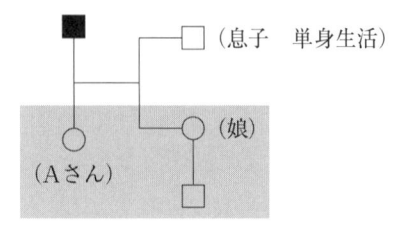

2．ケアマネジメント導入に至る経緯

　在宅で1人暮らしをしていたAさんは、脳卒中の発作にてC市立病院に入院した。入院後治療は順調に進むが、左片まひが残り、歩行など日常生活動作が不自由となった。病院の医療ソーシャルワーカー（MSW）の勧めもあり、要介護認定を受けて同市内の介護老人保健施設M苑へADL状態の改善のため入所することになる。なお、M苑では、下肢筋力の低下を改善するために、リハビリテーションと歩行訓練を中心に行い、施設内では補装具を着用すれば移動は杖歩行にて自立するまで改善した。

　そこで近隣に住む娘に今後の方向性について相談したところ、娘宅にて引き取ることになり、本人の了解を得て併設の居宅介護支援事業所のケアマネジャーへ仲介することになった。

3．ケアマネジメントの導入

（1）初回面接（インテーク）

　Fケアマネジャーは、M苑併設の居宅介護支援事業所ということもあり、自宅復帰前からAさんとは数回にわたり面接し、心身状態や本人の意思を確認した。その後、家庭復帰に備えて自宅での様子などの生活環境も確認するためにM苑の相談員とともに娘さん宅を訪問し、家族状況と住環境の状況などを確認した。娘さんは、これまでの親子関係からできるだけ最期は自宅で面倒を看たいという気持ちが強く、介護に対しては積極的な姿勢がみられた。しかしその一方で、介護は初めての経験であることや娘自身が高齢で腰痛持ちであることなど、介護に対する不安感もみられていた。

（2）アセスメント

　これまでの面接や自宅への訪問で、ケアマネジャーが把握した利用者及び家族の状況は次の通りである。

【ADLの状況】
- 移　動：一部介助　補装具装着にて室内の杖歩行は自立、外出は介助を要する。
- 入　浴：一部介助　衣類の着脱など介助を要する。
- 排　泄：一部介助　たまに間に合わないことあり、パットなど使用。
- 食　事：自立　自力摂取可能。

【健康状態】
- 精神状態：認知症（中程度）
- 既往歴・健康状態・障害などの状態：これまで大きな大病を患ったことはないが、3年前に脳梗塞の発作で入院した。そのほかはこれまでに大きな病気をしたことはない。障害については脳梗塞による左片まひがある。

【生活状況】
- コミュニケーション：コミュニケーション能力は十分にあるが、認知症による、

意欲の低下やうつ的な傾向はみられる。また娘に対する気兼ねからか、自分のやりたいこと好きなことなど意思を表現することは少ない。
- 住居の状況：退院時に住み慣れた自宅ではなく娘宅へ引き取られることになった。娘宅では手すりの取り付けや段差の解消が必要である。
- その他：娘以外にも息子がいるが、他県に単身で生活しており、たまに電話してくる程度である。

(3) 問題とニーズ

ケアマネジャーは、把握された情報を基に在宅へ復帰するための課題を次のように分析した。
- Aさんは、在宅へ帰ることに対し、たいへん不安を感じていること。
- 娘さんへの気兼ねが強く、依存的傾向がみられること。
- 身体状況としては、まひ側の拘縮が少しみられる。
- 杖歩行で安定性に欠けるために転倒の危険性がある。
- 娘の介護意欲はあるものの、高齢と腰痛のために介護負担が大きいこと。
- 住宅は段差や手すりがなく、自宅内の移動が難しいこと。

(4) 支援計画（ケアプラン）の作成

Fケアマネジャーは、Aさんの在宅生活への課題を踏まえ、在宅で生活できるためのサービスを検討した。その結果、ケアプランを立てるときのポイントとして、できるだけ安心して在宅での生活へ移行できるようにすることと、介護者も高齢であることを踏まえ、家族の介護負担を軽減することを目標に次のケアプランを立て、サービス担当者会議で確認された。
- 関節の拘縮予防と歩行状態の安定を目的として、これまで入所していた介護老人保健施設のデイケア（通所リハビリテーション）を週2回利用すること。
- 家族の介護負担軽減のため、デイケア利用時には入浴を行う。
- 家族の介護負担軽減のため、週1回訪問介護を利用し、Aさんの部屋の掃除やシーツ交換と布団の乾燥など生活援助を行う。
- 夜間帯などの突発的事故への家族不安を解消するために、夜間対応型訪問介護を契約する。
- 娘宅にて転倒を防止するため段差解消と手すりの取りつけを行う。
- 畳の上では、立ち上がりなど困難であり、ギャッチベッドの貸与を利用する。
- 民生委員が定期的な訪問を行い、状況把握と介護者を精神的にサポートする。

4．ケアプランの実施と援助過程

Aさんは、慣れ親しんだ介護老人保健施設のデイケアに通えることになり、積極的にリハビリやレクリエーションに参加するようになった。娘さんも昼間はできるだけ在宅サービスを利用していることで、介護負担はそれほど大きいものではないようで

あった。そして、Aさんも生活に慣れるなかで、積極的にさまざまなニーズを表明するようになった。

それらの状況を確認し、今後のサービス提供方針を検討するために、改めてサービス担当者会議を開き、さまざまな意見交換がなされた。内容は次の通りである。

- デイケアへの参加は良好で、とくにレクリエーションなどは積極的に参加し、笑顔もよくみられるようになった。また、自分から「昔はよく手芸や書道をやっていた。書道は4段を持っているのよ」と話をされている。
- デイケアのリハビリでは、急激な改善がみられるわけではないが、現状維持を目標として歩行訓練など積極的に行っている。今後歩行状態がよくなれば、「好きなお寿司を食べに行きたい」と話す。
- 訪問介護実施中に、娘さんは安心して外出できるようになり、気晴らしにショッピングや趣味の活動に参加されている。訪問介護では、Aさんの部屋の掃除や布団干しなどを、Aさんを見守りながら行っている。
- 夜間対応型訪問介護については、登録をしているものの今まで利用はとくにない。しかし、娘さんにとっては何かあった時に助けてくれると安心している。

以上の新たな情報をもとにケアマネジャーはケアプランの見直しを行った。大幅な変更は行われなかったが、デイケアなどでは、本人の昔から好んでいたお習字や手芸などをリハビリの一環として実施すべく曜日の変更をした。夜間対応型訪問介護については、利用はないが娘さんが不安に感じることもありもうしばらく登録を継続することとし、ADL状態がもう少し安定すれば、解約する方針を確認した。

5．事例の考察

施設入所者が、家庭へ復帰する可能性は、家族介護者の有無などの家庭環境による影響が大きく、家族が、在宅で介護をしようとする意欲が重要な条件になる。本事例の場合、娘の介護意欲が強く、それをケアマネジャーが早期に受け止め、入所段階から利用者及び家族の状態をアセスメントして、万全の体制で家庭生活を支援することができたといってよい。家族のいる家庭へ復帰する場合には、利用者だけでなく家族の介護負担の軽減という視点も重要であり、介護者の状況を無視してサービスを提供しても長続きしない。今後は地域密着型サービスが充実してくるなかで、上手にサービスを組み合わせて提供することが求められる。

■演習課題
① Aさんが在宅に帰ることに対してどのような不安を感じていたでしょうか。Aさんの立場に立って考えてみましょう。
② ケアマネジャーは、Aさんへのエンパワメントやストレングスの視点を援助のなかでどのように活かしましたか。

Learning10　　ケアマネジメント演習

21　高齢者のケアマネジメント事例④
―閉じこもり高齢者への介護予防―

> ■事例を読む視点
> 　本事例は、地域包括支援センターの保健師が、閉じこもりがちで生活機能の低下、うつ傾向がみられる1人暮らし高齢者に対して、介護予防事業に基づいたケアマネジメントを実施し、セルフケア、フォーマル・インフォーマルなサービス及び社会資源を活用した支援によって、生活機能を向上させ、要支援・要介護状態への移行を防止することができた事例である。
> 　2005（平成17）年の介護保険法改正により、予防重視型システムへの転換が図られ、新たに「要支援1」「要支援2」を対象とする「新予防給付」に加えて、元気な高齢者や特定高齢者を対象とする「地域支援事業」が実施されることとなった。対象となる利用者の状態像は比較的軽度ではあるが、身近な人の死や入院、環境の変化などがきっかけとなってうつ症状が生じ、閉じこもりになるケースがある。また、問題（ケース）の発見が遅れた場合、廃用性症候群（生活不活発病）を引き起こし、重度の要介護者になることも考えられる。
> 　2006（平成18）年に新たに創設された地域包括支援センターでは、地域包括ケアシステムの中核機関として、介護予防ケアマネジメントの機能である「地域包括支援ネットワークの構築」と「チームアプローチ」が求められている。地域包括支援センターの職員は、高齢者が住みなれた地域で、尊厳あるその人らしい生活を継続することをめざした、専門的な支援を行うことを期待されている。
> 　要介護認定を受けない元気な高齢者が、一時的な不調により特定高齢者となった場合にどのようなサービスが受けられるのか、また、介護予防特定高齢者施策における介護予防ケアマネジメントによって、どのような結果が得られるのかを事例を通して考察してみよう。

1．事例の概要

★ケアマネジャーのプロフィール

・所属機関　　　地域包括支援センター
・職　　種　　　保健師（介護支援専門員）
・プロフィール　A保健師　45歳　女性
　　　　　　　　国立看護専門学校を卒業後、保健師学校へ進学。卒業後にK市の保健師として就職する。保健センターなどに勤務し、2006年4月よりK市地域包括支援センターへ配属となった。

★本人のプロフィール

・利用者　　　　Mさん　74歳　女性

・家族構成　　3年前に夫と死別し、現在は1人暮らし。長男家族は都会で暮らしている。2人の娘は地元に嫁いだが、長女は夫の転勤に伴い地方へ転居。次女は結婚後も近く（車で15分）に住んでおり、夫と大学生の息子との3人家族である。共働きのため週末しか本人の世話ができない。

【家族関係図】

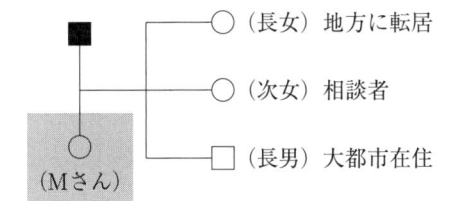

○（長女）地方に転居
○（次女）相談者
□（長男）大都市在住
（Mさん）

・地域の状況　　人口約5万人、高齢化率は約19%である。市内には地域包括支援センター1か所、在宅介護支援センター6か所、介護老人保健施設2か所、介護老人福祉施設4か所、総合病院3か所、診療所15か所がある。

2．ケアマネジメント導入に至る経緯

　MさんはK市で生まれ育ち、高等学校卒業後、地元の銀行に勤め21歳で職場結婚した。仕事を辞め専業主婦となり1男2女をもうけた。子育ての合間に手芸や洋裁などの趣味をはじめ、地域の婦人会の友人と楽しんだ。手芸（刺繍）の腕前が認められ、50歳を過ぎた頃から地域の手芸教室で教えていたが、70歳で教室を引退してからは趣味として1年に1回作品を個展に出品するなど創作活動を続けていた。

　最近、閉じこもり傾向がみられ、外出の回数が減っている母親（Mさん）を次女が心配し、4月3日に市の広報で知ったK市地域包括支援センターを訪ね担当のA保健師に相談した。

　次女は、「最近母親の口数が少なくなり、精神的に落ち込んでいるのか、食欲がなく痩せてきており、母の友人からもしばらく老人クラブにも来ていないと聞いて心配になってきた」という。

　病気を疑い、先週本人を連れて基本健康診査の会場に行き受診させたところ、介護予防特定高齢者となる可能性があるとのことであった。

　話を聞いたA保健師は、健康診査で特定高齢者に選定された場合、地域包括支援センターで介護予防ケアプランを作成することなど、受けられるサービス内容について次女に説明し、健康診査結果の通知が届いてからMさんと面談するために自宅へ訪問することになった。

3．ケアマネジメントの導入

（1）初回面接（インテーク）

　4月12日、地域包括支援センターの保健師は、基本チェックリスト、生活機能に関する問診、身長、体重の測定（BMIの計算）、理学的検査、血圧測定、血液検査などの健康診査の結果を受け取り、Mさん宅を訪問する。

　次女も同席しMさんとの面接が行われた。今の状況に至る経緯等について聞いたところ、次のことが語られた。

　3か月前に近所に住む姉（78歳）が入院し先々に不安を感じていたときに、趣味の会での人間関係の不和が原因でしばらく趣味の会を欠席。しだいに外出回数が減りはじめ、1か月前から自宅に閉じこもりがちになっている。最近では、趣味や友人への関心が薄れ、家事がおっくうになり、食事が美味しくないという。

（2）アセスメント

　A保健師は、Mさんや次女の話す内容や様子から、本人は情緒が不安定な状態にあり、うつ傾向にあること。また、食事をきちんと摂っていないこと、起床が不規則なために生活にリズムが崩れていること、家事が行き届いていないことなどから生活に対する意欲が失われつつあり、このまま放置すれば近く生活機能が低下し、要介護・要支援状態になるおそれがあると判断した。

　加えて、基本チェックリストでは、栄養改善、閉じこもり予防、うつ予防がスクリーニングされたため、健康診査（生活機能評価）の結果を踏まえてMさんに合う介護予防プログラムを検討したところ、2〜3のプログラムへの参加が望ましいことが判明した。

　以上のことから、本人は特定高齢者に選定され、介護予防ケアマネジメントが実施されることになった。

（3）問題とニーズ

　本人をめぐる現在の状況は次のとおりである。

【運動・移動】
- 全身に倦怠感があり、家のなかを歩くこともつらいと感じている。階段では手すりや壁をつたって歩く。
- 身体機能に大きな問題はないが、気力がないために活動性が低下しており、上肢・下肢の筋力の低下が考えられる。
- 以前はよく近くの公園に散歩に出たが、この2週間は行っていない。自宅でやっていた太極拳もしていない。
- 近くのスーパーで買い物をしていたが、最近はあまり行っていない。

【日常生活】
- ADLは自立しているが、食事、掃除、片付けなどの家事全般、身の回りのことは

あまりできていない。洗濯やゴミ捨ては行える。
- 家のなかが片付かない状態が続くときは、週末に次女が代行することがある。
- 夜眠れないときがあり、起床時間が不規則で生活のリズムが乱れている。
- 精神的に落ち込むことが多くなり、日々の生活のなかで楽しみや生きがいを見出せなくなっている。
- 調理が億劫になり、たまにしか自分で作らなくなった。
- 次女が週末に食品などを届けることがある。食べ物がなくなったら近くのスーパーに出かけ、お惣菜など最小限の買い物をしている。

【社会参加・コミュニケーション】
- 1か月前から老人クラブなどへの参加をしなくなった。
- 趣味の会の人間関係に疲れ、鬱々としている。何があったのか具体的な理由は話してくれない。
- 友人からの外出の誘いに理由をつけて応じようとしない。
- 友人と電話での会話はできる。

【健康管理】
- 20年来世話になっている主治医にときどき受診している。
- 持病は、アレルギー性皮膚炎、鼻炎などで大きな病気はしていない。
- 最近は食欲がなく、1か月で体重が約3Kg減少した。
- 眠れないときは睡眠薬を服用している。

（4）支援計画（ケアプラン）の作成

　介護予防ケアプランの作成にあたって、本人及び家族の意向を確認し、同意を得て次のようなことをポイントに計画が作成された。
- 筋力や運動器の機能の向上を図るために、月2回、筋力向上トレーニング教室（通所型介護予防事業）を利用する。
- 栄養バランスの重要性や調理の工夫点を学ぶために、月1回、栄養改善教室（通所型介護予防事業）を利用する。
- ホームヘルパーに来てもらい、週3回、食事の用意をしてもらう。
- 老人クラブで本人の好きなプログラムや新しいプログラムを利用できるよう、地域包括支援センターの職員に調整や紹介をしてもらう。
- 保健センターの保健師に月1回、定期的に訪問してもらい、閉じこもり状況を把握し、サービスへの参加ができているかを確認してもらう。
- 栄養状態をチェックするための検査やうつ傾向を改善するため、月2回、主治医に定期的に受診する。

　以上の6点が今回のケアプランの内容である。なお、本人のうつ傾向が原因で生活が不活発となり閉じこもりがちになっていることから、目標を達成するための支援のポイントとしては、Mさんの精神的、身体的なつらさを理解し、家族や友人からの配

慮ある優しい対応が必要である。可能であれば、次女がキーパーソンとなり、Mさんが抱えている趣味の会での対人関係の不和を友人関係のなかで解消することができるようなかかわりをもつ。

ケアプランの実施にあたっては、本人にストレスを感じさせないよう過大な目標設定や達成を急がないこと、急激な変化をさけてMさんの気持ちや様子を観察しながら段階的に進めていくことが重要である。

社会資源の調整にあたっては、表21－1の通りK市で実施されている地域支援事業における特定高齢者対象のサービスのなかから選択した。K市独自の事業として実施している介護保険外のサービスも必要に応じて利用することも検討していく。

表21－1　K市の地域支援事業

特定高齢者対象：K市地域支援事業メニュー	
把握事業	特定高齢者把握事業
通所型介護予防事業	筋力向上トレーニング教室、生きがいデイサービス、貯筋体操、転倒予防体操教室、口腔ケア教室、栄養改善教室
訪問型介護予防事業	閉じこもり予防事業、介護予防訪問
任意事業	住宅改修、配食サービス、介護相談員派遣
介護保険外のサービス	日常生活用具の貸与・給付、ひとり暮らし老人等緊急通報システム、高齢者等住宅改造助成事業、寝具貸与、生きがいデイサービス、ホームヘルプサービス、給食サービス

4．ケアプランの実施と援助過程

（1）支援開始直後

4月25日　本人はケアプランが作成されたことで、今の生活を改善していかなければならないことを実感したが、計画通りにできるのか不安になり、うつ傾向が強まった。

5月3日　本人の不安を知った次女は、ゴールデンウィーク中に長男と長女を呼び寄せ、家族によるサポートの方法を話し合った。遠方に住む長男と長女の役割は週に2～3回ずつ電話をかけ、本人の様子を聞きながらできたことを褒めるなどの精神的な支援を行い、次女は週末に家族で本人宅を訪問して楽しい食卓を囲むようにする。本人から不安や心配などの感情が表出したときには、その気持ちを受けとめるよう家族で協力することになった。

本人は子ども達に迷惑をかけたくないという思いから、自分なりに前向きに介護予防に取り組む決心をした。早速翌日から起床時間を決めて寝起きに体操をするなどセルフケアに努め、翌週から参加する予定の介護予防プログラムに向けて心の準

備をはじめた。

5月8日　はじめて筋力向上トレーニング教室に参加。真面目な性格のためきちんとしなければという気負いからか、帰宅後は全身に強い疲労感を感じる。

　　　　友人から電話があり調子を尋ねられると「疲れた…」を繰り返した。その後1週間は疲れが取れず、日中も布団に横になっていることが多くなった。起床時間が遅くなり、生活が不規則になる。次女が心配し地域包括支援センターに相談したところ、本人のペースで進めることが大切であり、焦らずに本人とコミュニケーションを続け、しばらくは見守りが必要とのアドバイスを受けた。

5月22日　保健センターの保健師が訪問。本人は横になっており、身体がだるいので動きたくないという。精神的な落ち込みがみられたため、Mさんの話をゆっくり聴き、栄養改善教室の楽しみ方などを話しながら、気分転換を図るよう促した。

5月25日　孫に車で送ってもらい栄養改善教室に出向いた。管理栄養士やメンバーと一緒に調理しながら、久しぶりに気の合う人との交流を楽しむことができた。長男が電話で調子を尋ねたところ、明るい声で「今日ははじめての人と知り合いになった。美味しい料理を食べさせてもらった。」と喜んだ。

6月5日　保健センターの保健師が家庭訪問すると、本人は体重が1Kg増えたことや最近家族や友人とのコミュニケーションの回数が増えたことを嬉しそうに話す。次女は母の調子が好転していることに安心した。

（2）支援中盤

　介護予防ケアプランの実施から2か月目に入った。Mさんの真面目な性格と頑張り、そして保健師、家族、友人の精神的なサポートが功を奏して、状態像は全体的に上向いてきた。友人に話を聞いてもらう機会が増え、うつ傾向に回復の兆しがみえはじめた。保健センターより筋力向上トレーニング教室、栄養改善教室、家庭訪問の事業のモニタリングの結果が報告され、地域支援事業に関しては計画通りに実行されていることがわかった。

　セルフケア、家族の支援、インフォーマルサービスの実施状況として、老人クラブへの参加はできていないが、その他に関しては無理のない程度に取り組めており、問題なく実行している。

（3）支援終盤

　3か月目に入り、ケアプラン通りにプログラムをこなしている。当初、プログラムへの取り組みによるストレスから、うつ傾向の悪化が心配されていたが、家族や友人から親身になって話を聞いてもらえるようになり、そのハードルを乗り越えたようである。

　2回目の栄養改善教室で知り合った人と新しい交友関係ができ、ときどき電話をしている。外出回数が増えはじめ、公園への散歩はスーパーへ食品の買い出しを兼ねてほぼ毎日行えるようになった。家事も苦にならなくなり、栄養教室の友人を招いて食

事づくりを一緒に楽しむようになった。

　趣味の会の人間関係は、次女から連絡をもらった友人が気を利かせて、拗れた相手との仲を取りもってくれ、お互い水に流して付き合いを再開することになった。元々同じ趣味をもつよきライバル同士であり、Mさんが考えているほど深刻な決裂ではなかったようである。趣味を再開する。

　7月初旬にはMさんの体力は概ね戻り、精神的にも安定してきた。自信が生まれ、社会参加への意欲が出てきている。全体的によい方向に動きはじめた。

（4）評価・終結

　3か月が経過し、介護予防ケアプランの評価を行う。地域包括支援センターは、サービス事業者から報告された事前・事後のアセスメント結果から、運動機能、栄養状態、閉じこもり、うつ傾向の変化を評価したところ、全ての項目で改善していることが確認された。

　3か月間のプログラムへの取り組みにより、Mさんの状態像は改善され、特定高齢者から一般高齢者へと移行するまでになった。Mさんや家族の意見から、今後もセルフケアや家族のサポート、インフォーマルな社会資源の活用によって日常生活が成立することが確認できたため地域支援事業の利用は終了となった。

5．事例の考察

　本事例では、閉じこもりがちの1人暮らしの高齢者が、地域包括支援センターにおける介護予防ケアマネジメントによって、早期に回復し社会参加を果たすことができた。3か月という短期間で効果が上がったのは、以下の理由によると考えられる。

　1つは、ケース（問題）の早期発見である。元気に暮らしていた高齢者が、姉の入院をきっかけに精神的に不安定となり、同じ時期に趣味の人間関係の不和が原因で自信をなくして外出できなくなった。いわゆる閉じこもりである。閉じこもりの原因は、個人により異なるが、今回のケースでは近くに住む家族（次女）と日頃から親密な関係があったことで母親（Mさん）の変化にいち早く気づき、速やかに専門家に助言を求めている。地域包括支援センターの保健師は高齢者の状態像を的確に把握し、タイミングを逃すことなく地域支援事業へと導いた。このことが、生活機能の低下やうつ傾向の進行を防いだと考えられる。

　2つ目に、次女をキーパーソンとして、家族や友人などのインフォーマルなサポートを十分に活かしたことがあげられる。介護予防ケアマネジメントを実施する際、家族の協力や親身になって話を聞いてくれる友人の存在は、精神的な安定を向上させるうえで重要となる。

　3つ目に、地域支援事業における特定高齢者に対するプログラム及びその他のサービスメニューとMさんのニーズが適合し、その人に合ったサービスが提供されMさんも満足していたことがあげられる。各種プログラムの特徴を活かし、利用者の目標に

合わせた個別のプログラムを用意したことによって、効率のよい成果を上げることができたと考えられる。

　このように本事例では予想を上回る回復を見せ、元気な高齢者に戻ることができた。しかし、再発する可能性が十分に考えられるため、継続して地域で実施されている一般高齢者事業に参加することが望まれる。

【参考文献】
厚生労働省『地域包括支援センター業務マニュアル』 2006年
森田靖久・二宮佐和子編著『介護予防プラン作成ガイド』日総研出版　2006年
竹内孝仁・白澤政和・橋本泰子編著『ケアマネジメントの実践と展開』中央法規出版　2000年

■演習課題
① 介護予防ケアマネジメントの対象者はどのような状態の高齢者なのか調べてみましょう。
② 生活機能が低下するきっかけとなる原因は何でしょうか。また、うつ傾向のある高齢者を支援する際の留意点を本事例から考えてみましょう。
③ 充実した支援を展開するためには、地域の社会資源の開発が不可欠です。本事例であなたがケアマネジャーならどのような社会資源があるとよいと考えますか。
④ 本事例ではMさんの次女がキーパーソンとなり、フォーマル・インフォーマルなサービスにつなぐことができましたが、身近に頼れる家族がいない場合、どのようなサポートが必要となるでしょうか。考えてみましょう。

Learning10　ケアマネジメント演習

[22] 障害者のケアマネジメント事例①
―大家族からの自立を求めたＡさん―

■事例を読む視点

　骨形成不全症[*1]という重度身体障害をもつＡさんは、40歳代の半ばまで、両親と兄家族という大家族のなか、家族と暮らすことに何の疑問をもつこともなく生活を営んできた。地方都市であるが故に、身体障害者である自分が１人暮らしをすることは、夢にも思わなかった。

　しかし、Ａさんは、近隣に小規模作業所が創設されて通いだしたことを契機として、多くの人たちと出会うなかで、自分の人生を見直すことを考え、障害者地域生活支援センターが主催する「自立生活プログラム」を主体的に受講した。この学習が彼を目覚めさせ、積極的な姿勢へと変化させていった。

　今までの家族に対する依存的な性格から、地域社会に新設された「車いす使用者向け住宅」を申請するなど前向きな性格へと変容していった。依存的な生き方を余儀なくされていたＡさんは、小さな機会を得ることにより、地域社会での自立した生活を短期間で獲得していった。

　本事例では、小さな心の変化を捉え、支援者が的確なケアマネジメントを展開することにより、依存的な生活からＡさんのニーズを尊重し、長年の夢を実現できる方向へと転換していった手法を学んで欲しい。

*１　易骨折性・進行性の骨変形などの骨脆弱性を示す病状に加え、さまざまな程度の結合組織の病状を示す先天性の疾患。

1．事例の概要

★ケアマネジャーのプロフィール

- 所属機関　　　Ｎ市障害者地域生活支援センター
- 職　　種　　　相談支援専門員（社会福祉士）
- プロフィール　Ｂ相談員　33歳　男性
　　　　　　　　福祉系大学院を卒業後、介護福祉専門学校で３年間の教員経験がある。その後、障害者地域生活支援センターの相談員として６年目となる。

★本人のプロフィール

- 利用者　　　　Ａさん　45歳　男性
- 家族構成　　　父　78歳、母　75歳、兄　50歳、義姉　47歳、姪　20歳、甥　17歳、姪　15歳の８人家族
　　　　　　　　家族関係は良好であり、両親や兄家族もＡさんが家を出て行くことに関して、たいへん寂しく感じている。しかし、今後のことを考え

て応援したいと思っている。

【家族関係図】

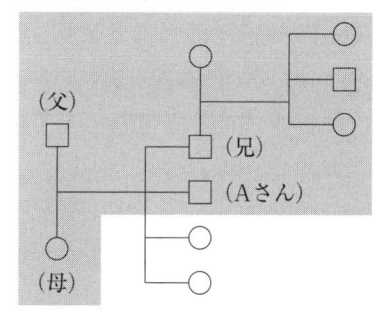

2．ケアマネジメント導入に至る経緯

　地域での1人暮らしを大半あきらめていたAさんは、平成17年4月頃、作業所に置いてあった「自立生活プログラム」のチラシを手にした。それは、前年に開所した「障害者地域生活支援センター」（以下、支援センター）が主催する教室であった。Aさんは、何となく興味をもって受講することにしたが、自立生活プログラムが進んでいくと、Aさんの姿勢もより積極的になり、両親や兄家族と離れ、地域での1人暮らしを熱望するようになってきた。そして、翌年5月に、Aさんが通っている作業所の近くにある県営住宅が建て替えになり、車いす使用者用住宅がつくられることになった。Aさんは、この話を作業所で聞き、何も先のことを考えることなく、早急に担当ケースワーカーへ連絡をとり、申し込みを済ませ、7月末に「決定通知」が届いた。比較的倍率も高かったため、まさか、入居できると予想もしていなかった事態に混乱したAさんは、大きな不安を抱えて、8月初めに支援センターへ飛び込んできた。現在の状況を聞いたB相談支援専門員（以下、B相談員）は、10月末までに入居しなければならないという条件を考慮に入れ、ケアマネジメントを実施することにした。

3．ケアマネジメントの導入

（1）初回面接（インテーク）

　B相談員は「自立生活プログラム」においてAさんと関係が確立されており、Aさんも気安く相談できた。

　当初Aさんはびっくりした様子で「車いす住宅が当たったのです。もっとゆっくり準備しようと思っていたのに、10月末までに入居しなければ無効になってしまいます。長年の夢であった1人暮らしなのに、何から手をつけたらよいのかもわかりません。助けてください」と早口で言い、不安な気持ちがみられた。

　B相談員は、1人暮らしに向かうAさんの強い気持ちを確認し、3か月足らずという短期間のなかで、Aさんが求める理想的な生活を実現するため、ケアマネジメントの手法を用いて支援して行くことの同意を得た。

（2）アセスメント

　初回面接を進めるなかで、B相談員はアセスメントシートを用いて、Aさんの身体状況やニーズを確認していった。新しい生活に対する夢と不安が交錯する複雑な心境のなかで、B相談員は「それでも1人暮らしを望みますか」という確認を取り、強い意思に裏づけられた行動であることを認識し、Aさんばかりではなく、両親や兄夫婦、そして作業所の職員への聞き取りを行い、次のように状況を把握した。

- 骨形成不全症で、身長は80cmであり、体重は20キロである。
- 健康状態は良好で、年に1回くらい軽い風邪をひくだけである。
- ADLはほぼ自立しているが、入浴や調理などには介助が必要である。
- 小規模共同作業所へ週に5日間通っており、ハガキ印刷などの仕事をしている。
- コミュニケーションには問題なく、受け答えもはっきりしている。
- 両親や兄夫婦は、多大な心配をしているが、基本的には応援している。
- 予想していなかった住宅を手にして、短時間で準備する自信が乏しい。

（3）問題とニーズ

　B相談員は、Aさんの家族にも以前から面識があり、問題やニーズに対しては不完全ながら把握しているつもりではあったが、新しいニーズも多々あり、訪問面接の重要性を再確認した。B相談員は、訪問面接後、Aさんのニーズを以下のように把握した。

- 作業所へ出かける前と帰宅直後の介護を安定させたい。
- 食生活を充実させ、栄養のバランスがとれた食事がしたい。
- 障害基礎年金だけでは生活が苦しく、生活費を援助して欲しい。
- 夕食を一緒に食べて、後片付けをしてくれ、就寝介助の手伝いをしてくれる介護者を確保したい。
- 作業所に通っていない日の昼間を有意義に過ごしたい。
- 緊急時にも誰かが助けてくれるという安心感が欲しい。
- 新しい生活に向けて、ベッドや洗浄機付きトイレを手に入れたい。

（4）支援計画（ケアプラン）の作成

　B相談員は、ニーズを整理した後、市役所の担当ワーカー、作業所の所長、Aさん、Aさんの父親を集めて、ケア計画会議を開催することになった。福祉の専門家ばかりで協議するのではなく、当事者や家族の参加を働きかけたことには、大きな意味があった。

　10月末という締め切りが迫るなかで、この3か月で整えなければならない事柄と生活に少しの慣れとゆとりができてから考えればよいという事柄を分類しなければならなかった。そこで作成された計画が、表22－1に示されている。

　これは、Aさん本人ばかりではなく、家族も喜んで納得し、応援することができる「ケア計画」となったのである。

表22-1　Aさんのケア計画表

全体目標	車いす使用者向け住宅での1人暮らしを実現し、安定した生活を長く続けていけるような基盤を築き、両親や兄弟とも仲良く付きあっていきたい。

ニーズ	援助目的	サービス内容・頻度・時間	提供先
朝夕の介護体制を安定させたい。	服を着る介助を円滑に進め、朝夕の仕度を楽に進める。	小規模作業所の送迎担当者に協力を求め、朝夕に必要な着替えを手伝ってもらう。送迎の自己負担金が他の人よりも3,000円増である。	N市障害者福祉協会
食生活を充実させ、栄養のバランスがとれた食事がしたい。	重度訪問介護を申請し、ヘルパーに夕食調理と入浴を手伝ってもらう。	週5回（月・火・木・金・土）のヘルパー派遣を確保し、3時間を掃除、洗濯、調理を担当するようにする。	ホームヘルプサポート協会
年金だけでは生活が苦しく、生活費を援助して欲しい。	「生活保護費」を申請・受給し、生活費の安定を図る。	重度障害者加算等を計算すると、年金を含めて月額11万5千円を受給することができる。	N市福祉事務所生保担当
夕食を一緒に食べて、後片付けをし、就寝介助の手伝いをしてくれる介助者を確保したい。	公的な介護制度では足りないので、ボランティアや家族の援助を求めていく。	援助してくれる大学の学生さんに協力を得て、数を増やす努力を継続する。そして、両親にも週1回の援助をお願いする。	C大学ボラ研究会　両親
作業所に通っていない日の昼間を有意義に過ごしたい。	趣味として短歌や俳句を学び、余暇の充実を図る。	月に2回くらい、文化教室へガイドヘルパーと通う。また、障害者の俳句同好会に参加することにより、仲間づくりやストレス解消の効果も期待できる。	N市福祉事務所身障担当　文化教室　俳句同好会『★★』
緊急時にも誰かが助けてくれるという安心が欲しい。	緊急警報システムを設置するとともに、地区自治会の協力を得て、緊急時の救急体制の充実を依頼する。	日常生活用具に定められている「緊急警報システム」を申請する。社会的弱者に関する救急体制の強化を、地区自治会に依頼する。	N市福祉事務所身障担当　S地区自治会　会長
新しい生活に向けて、ベッドや洗浄機付きトイレを手に入れたい。	日常生活用具のなかにある特殊便器とベッドを申請し、快適な生活空間をつくり出す。	日常生活用具に定められている「特殊便器」及び「ベッド」を申請し、住環境コーディネーターに家具配置について相談する。	N市福祉事務所身障担当　N市支援センター住環境コーディネーター

4．ケアプランの実施と援助過程

「ケア計画」を具体的に実行していくのが「週間ケア計画表」である。B相談員は、「ケア計画」を基本として、具体的な「週間ケア計画表」を作成した。その内容は表22-2の通りである。

週間ケア計画作成の際に、関係者には次のような協力を取りつけた。

① ボランティアの調整

B相談員が最も苦労したのは、学生ボランティアの掌握であったが、C大学ボラン

表22-2　Aさんの週間ケア計画

	早朝	午前	午後	夜間	摘要
月	昨晩からご両親が泊まっている	・小規模作業所	・小規模作業所 ・ホームヘルパー	・C大ボランティア	ボランティアは、人が代わる場合がある
火	・小規模作業所送迎担当者	・小規模作業所	・小規模作業所 ・ホームヘルパー	・C大ボランティア	ボランティアは、人が代わる場合がある
水		・ガイドヘルパー	・ガイドヘルパー（文化教室）	・C大ボランティア	ボランティアは、人が代わる場合がある
木	・小規模作業所送迎担当者	・小規模作業所	・小規模作業所 ・ホームヘルパー	・地区自治会（障害者相談員）	
金	・小規模作業所送迎担当者	・小規模作業所	・小規模作業所 ・ホームヘルパー	・ボランティア（N市社協）	ボランティアは、人が代わる場合がある
土	・小規模作業所送迎担当者	・小規模作業所	・小規模作業所 ・ホームヘルパー	・C大ボランティア	ボランティアは、人が代わる場合がある
日		・ガイドヘルパー	・ガイドヘルパー（障害者俳句サークル）	・両親宿泊	

ティアサークルの部長と話し合いをもてたことが大きいと認識している。

B相談員：「夕食を一緒に食べて、後片付けをして、就寝準備をして欲しい」

サークル部長：「介護福祉を学んでいる学生にとって、生きた勉強になる。協力させていただきたいが、完全とはいえないかもしれないです」

という会話のなかで、最大限の協力体制をとってくれることになった。

② 地域住民による支援

　地域の自治会長との話のなかでは、「重度障害をもつ人が、1人で暮らすことができたならば、誰もが安心して生活できる地域であると証明できるので、頑張って協力します」と約束してくれた。

③ 作業所への協力依頼

　作業所へ出かける前の支度と、帰ったときのトイレや着替えを手伝ってくれる作業所職員を調整したことがポイントになった。

B相談員：「作業所がある日だけでよいので、送迎担当者にAさんの身支度を手伝って欲しい」

作業所所長：「毎日のように迎えに行っているのだから、それくらいは手伝えると思っている。しかし、他のメンバーとの関係もあり、小額の料金を支払っていただくことになるだろう」

という話し合いをもち、低額ではあるが、負担金を支払うことで、協力体制を築いていただくことになった。

④　両親への協力依頼

　Aさんは、家族との関係も大切にしていきたいという願いをもっていたため、週に1度くらいは両親と対面したいと語っていた。しかしながら、週末に大家族の所へ帰ることにすれば、元の生活に戻りたくなるのではないかという不安をAさん自身も抱いているので、両親から彼の家に来てもらうことになった。

　このようにして、Aさんの1人暮らしはスタートした。3か月足らずの短期間でケア計画を実現することができたのは、ケアマネジメント手法を用いて、インフォーマルな支援を確実に活用したことが大きいと思われる。

5．事例の考察

　本事例は、大家族のなかで将来への具体的な不安をもつことなく、毎日を淡々と暮らしてきた重度障害をもつAさんが、「自立生活プログラム」を受講したことにより、両親や兄家族からの独立を願って、実現までに至ったケースである。1人暮らしというものを漠然と希望していたAさんが、公営の「車いす使用者向け住宅」に当選したことにより、急に現実へ直面することになり、大きな戸惑いをみせたが、結果として3か月の短期間で障害者地域生活支援センターの協力を得て、新生活をスタートさせたのである。

　Aさんの場合は、彼自身が求めたい生活を実現するには、公的に支給されるサービスのみでは不可能というB相談員の判断から、学生や近隣住民、さらに両親や家族というインフォーマルな支援を駆使したところに特徴がある。

　障害者自立支援法の中核を為す「地域社会で障害者を支える」という観点からしても、この事例のような支援の組み立てが理想ではないかと思われる。地域社会に存在する「地域力」や「福祉力」を十分に活用していくことが、ケアマネジメントの真骨頂である。

【参考文献】
谷口明広著『障害をもつ人たちの自立生活とケアマネジメント』ミネルヴァ書房　2005年

■演習課題
① 以前からAさんを知っていたB相談員は、3か月で1人暮らしを実現しなければならないと焦っているAさんに対して、どのような話をして落ち着きを取り戻させたのでしょうか。
② ケア計画作成会議において、ケア計画の内容を検討していく際に、相談支援専門員としてB相談員は、Aさんのニーズを中心として考えられるように、どのような点に配慮していたでしょうか。
③ 3か月という短期間で実現までに至りましたが、今後のモニタリングを続けていかなければなりません。今後どのような問題や課題がAさんにもち上がるかを考察してください。

Learning10　　ケアマネジメント演習

23　障害者のケアマネジメント事例②
―知的障害者への地域生活移行への支援―

■事例を読む視点

　知的障害者のケアマネジメントでは、本人とのコミュニケーションがうまくできない場合も多い。そのときに、どのようにして本人と関係をつくり、本人の意向やニーズを把握するかが重要である。その場合に家族や関係者からの情報収集も必要になる場合が多いが、それが家族の意見なのか、本人の意向をきちんと代弁しているのか、その見極めが大切である。

　さらにアセスメントで把握した、本人のニーズに基づきケアプランを作成するときには関係機関の連携も不可欠であり、定期的な調整会議が必要になる。これらすべての過程において、それが本人の気持ちに添ったものであるかに常に留意していなければならない。

　ケアプランが本人の気持ちに添ったものであるかどうかは、言葉のない利用者でも、実際の体験を通して表情や生活の様子から読み取ることが可能であるが、時間もかかるので相手と関わりながらゆっくりと援助を考えていかねばならない。

1．事例の概要

★ケアマネジャーのプロフィール

・所属機関　　　市の委託を受けたD障害者地域生活支援センター（相談支援事業所）
・職　種　　　　相談支援専門員（社会福祉士）
・プロフィール　E相談員　50歳　男性
　　　　　　　　障害児療育センターのソーシャルワーカーを11年、知的障害者施設の指導員を13年経験し、障害者の地域生活支援にかかわる仕事を希望して現職についた。

★本人のプロフィール

・相談者　　　　Aさん　50歳　女性　（F知的障害者更生施設で生活）
・家族構成　　　父親はAさんが小さいときに蒸発し、母親は精神疾患で現在も病院に入院中。姉は同じ市内に居住しているが普段の連絡はない。その他の親類等の情報は不明。本人の身寄りはないに等しい状況。施設の外泊などは一切していない。Aさんにも家族の記憶はほとんどない。相談できる相手は施設の職員。

【家族関係図】

(父)
┌─○(姉)
│
├─○(Aさん) 施設に入所中
│
○
(母) 入院中

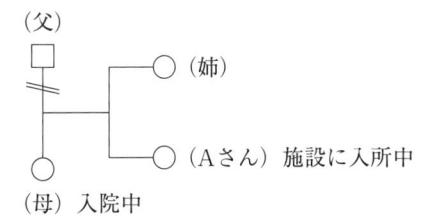

2．ケアマネジメント導入に至る経緯

　Aさんは、小学校のときに母親の精神病院入院により障害児施設に入所し、その後成人の施設であるF知的障害者更生施設に移ってそこで30年生活してきた。療育手帳B、身障手帳4級。健康状態は良好で、特に薬も飲んでいない。普通に会話はできる。歩行が不安定で転びやすい。身辺面は大体自分でできる。生活面では、同室者とのトラブルがときどきあり、自分の部屋が欲しい、静かに生活したいというのが、現在の本人の一番の望み。

　指導員に認めてほしくて、気を引くために手伝いなどはよくするが、自分がその中心にならないと気がすまない面はある。

3．ケアマネジメントの導入

(1) 初回面接（インテーク）

　Aさんが生活するF知的障害者更生施設の職員から、D障害者地域生活支援センター（以下、D支援センター）にグループホーム生活への移行を希望している人が施設のなかに複数いるという相談があった。

　施設の職員もそれを実現したいと考えているが、家族の方はグループホームへの移行については、ホームで最後まで面倒がみてもらえるのかということに不安をもち、入所施設から出さないでくれという意見が強いということだった。また、その施設にはグループホームを自分たちの施設ではできない事情もあった。

　そこでまず、本人たちに施設外での生活を体験させることや、グループホームの生活を具体的に見ることで、本人たちのグループホームへの移行についての気持ちを聞いていくことと、家族にもグループホームを見学してもらい、具体的に考えていこうということになった。

(2) アセスメント

　D支援センターのE相談員は、まず、施設の職員からAさんの生活状況などを把握した。

　それによると、これまで入院するような病気はしたことがなく、健康状態は良好で、ADLもほぼ自立し掃除や洗濯もすることができた。ただし、衣類の収納などには援助

が必要だった。

　簡単な作業を行う能力はあったが、歩行が不安定だったので、座って行う作業が適していると思われた。手先は器用で刺繍や編み物もできた。

　趣味は、自分の部屋でテレビを見たり、好きな刺し子をして過ごしていることが多かった。カラオケなども好きなようだった。

　コミュニケーションは、普通の会話が可能。ひらがなで名前を書くことはできたが、それ以外の読み書きは難しかった。数の計算はできず、お金の計算も難しいので、交通機関の利用や買い物には付き添い援助が必要と考えられた。

　人との関係では、自分中心で、認めてほしいという気持ちが強く感じられた。障害の重い人の世話をすることは少なく、マイペースで生活しているという職員の話だった。ときどき同室者と意見が合わず喧嘩になることもあった。それが原因で施設内の個室で何か月か生活することもあった。

　続いてAさんから、今後の生活の意向を確認したところ、「自分の部屋がほしい。施設から出たい」と希望が語られた。

（3）問題とニーズ

　職員側は、当初Aさんの年齢が高いこともあり、Aさんよりも、他の若い働く場を確保できそうな人たちを、グループホームへの移行候補者に考えていた。Aさんが地域移行をするうえで、一番の問題は日中活動の場が決まっていないということだった。しかしAさんは、施設を出ること、とくに自分の部屋で生活したいという希望は強いようだった。

　一方で、これまで集団で生活していたから、小さい家庭的な集団に変わることで寂しくなるのではないかと予想されたが、本人は期待の方が大きくそのような不安に対しては「大丈夫」と答えた。なお、グループホームから帰省をする先の家庭がAさんにはないが、それは施設が家庭に代わる役割をするということで、Aさんのグループホームへの移行を支援することになった。

（4）支援計画（ケアプラン）の作成

Aさん以外にもグループホームへの移行を希望する人たちがいたので、その人たちに対して次の3つの支援計画を立てた。

- グループホームに関する本人参加のシンポジウムや学習会に参加して、グループホームのことを理解してもらうこと。理解したうえでグループホームの生活を希望するかを具体的に話していく。
- 施設の外での生活を希望する人たちを対象に、数名ずつで1泊する生活体験をD支援センターで行う。
- 施設の空き部屋を利用して、個室で自立して生活する練習をする。

4．ケアプランの実施と援助過程

（1）グループホームへの移行準備と家族との調整

シンポジウム・学習会への参加については、主に施設の職員が、Aさんたち利用者と一緒に参加できそうな施設協会主催のシンポジウムなどに参加した。そこでAさんたちは、「施設を出たいです」とはっきり主張するようになっていった。

生活体験については、D支援センターが主催して、毎月1回1泊の生活体験を行った。数名が施設からD支援センターに来て宿泊し、夕食を作ったり、余暇で何をするか皆で相談して決め喫茶店へ行ったりということを行った。これを1年間実施し、Aさんも3回参加した。Aさんにどちらの生活がいいのかを尋ねると、グループホームでの生活がいいと答えるようになった。

個室での生活訓練については、グループホームへの移行をめざして、半年間の自立生活訓練を施設内で行った。Aさんは個室での生活を楽しみ、寂しいという様子もなかった。

このような援助と並行して、施設長や主任によって家族にグループホームへの移行について説明して希望を聞くことが進められた。家族は、親が死んだ後に、兄弟などには負担をかけたくないので、「グループホームへ出さず、施設で最後まで責任をもってみてほしい」という意見が依然強く、入所施設の方が安心という考え方からグループホームへの移行にはなかなか同意が得られなかった。

結局最終的にグループホームへの移行を希望するのは、Aさんと施設外に実習に行っている、まだ20代前半のBさん（女性）の2名だけであった。Aさんは身寄りが無いのに近い状態なので、施設と本人の希望で施設からの退所を決めることができた。他の人たちは家族の同意を得るのに、まだ時間がかかるという状況だった。

（2）調整会議の開催

AさんとBさんのことで、D支援センターと地元の障害関係施設を交えて調整会議を行った。目的は、2人を受け入れてくれるグループホームを探し、日中活動の場所を検討することだった。

会議の結果、近くのグループホームに空きや新設の予定はなく、Aさんについては Aさんが暮らす施設とは少し離れた所に所在するが、D支援センターがバックアップする新設予定のホームへの入居を検討することとなった。Bさんについては、入所施設がバックアップするグループホームを家族が希望して、他市のC知的障害者更生施設が運営するグループホームに入居することになった。

　ただし、Aさんの場合、グループホームに入居が決まった段階では、日中通う所は決まっていなかったため、F知的障害者更生施設の職員がデイサービスの厨房の手伝いを提案し、結局他に通う場所が見つからないままそこに行くことになった。

（3）グループホームへの入居

　D支援センターに最初の相談があってから約1年で、Aさんはグループホームに入居した。そして、グループホームへの入居と同時に、ガイドヘルパーが同行してバスと地下鉄を乗り継いで厨房の仕事に通いはじめた。体力的に続けられるか心配もあり、本人に確かめると身体はかなりしんどいが頑張ると答えた。しかし、仕事をはじめて2か月後にふらついて転倒し足を骨折して、結局通えなくなり辞めることになった。

　現在はAさんなりに今の生活を楽しんでいる。最初半年ぐらいは寂しくなることがあると、元の施設の職員に電話をすることもあった。そしてお盆には施設にお土産をもって泊まりに行った。しかし2年目の夏にはホームで過ごしたいといって施設には行かなかった。

（4）援助計画の再検討

　Aさんの年齢を考え、もっと近い所でゆっくりとできる仕事を探すことにしたが、適当な場所が見つからないまま、しばらくD支援センターで行っている小規模作業所に通わせて様子をみることになった。

　また、Aさんの働きたいという気持ちを尊重して、週に何回かはD支援センターの掃除をすることを仕事にした。その他に、働くばかりではなく余暇の活動も充実することを考え、地域の踊りの教室の利用をすすめ、週1回通うことになった。土日にはガイドヘルパーと買い物に外出することなどを行っている。

　Aさんの体力も考え、様子を見ながら随時生活の内容はヘルパーステーションやグループホームの世話人と協議しながら検討している。

5．事例の考察

　この事例に出てきたF知的障害者更生施設では、グループホームへの移行についての家族の同意が最初はなかなか得られなかった。それでも最初にホームに移った人たちの様子を家族の人たちが見学に来たりしながら、グループホームへの考えも変わりつつある。

　グループホームの援助だけでは、家族にも不安感があるので、支援センターやヘルパーステーションなどが連携して援助する体制をつくることが必要になる。その他地

域で生活し続けるためには医療機関との連携も不可欠になる。

【参考文献】
知的障害者ケアマネジメント研究会監修 『障害者ケアマネジャー養成テキスト　知的障害者編』中央法規出版　2003年

■演習課題
① 知的障害者のニーズを把握するときの留意点を考えてみましょう。知的障害者には会話がうまくできない人も多くいます。その場合にはどうやって本人の意思を把握すればよいのでしょうか。
② 本人と家族の意向が異なるときに（この事例では本人はグループホームに行きたくても家族は反対している）、援助者はどのような位置でケアプランを考えればよいのかを考えてみましょう。
③ Aさんがグループホーム入居後、場所が離れた元の施設の厨房に手伝いに行くことになったとき、とても無理だから辞めたほうがよいと説得して、別の場所を考えた方がよかったという考え方もあると思います。自分ならどうするか考えてみましょう。

Learning10　ケアマネジメント演習

24　障害者のケアマネジメント事例③
―精神障害者の退院支援―

> ■事例を読む視点
> 　精神障害者に対して、ケアマネジメントを用いた支援を行う際、援助者が留意するべき点として精神障害者のもつ障害の特性があげられる。一般に障害は固定した状態をもって障害とみなす。しかし、精神障害はその障害が固定しにくく、心理社会的要因により症状が再燃してしまう可能性を常にもっている。
> 　本事例において、ケアマネジメントの目的を、精神障害という状態の変化を抱えたクライアントの社会生活適応への継続的支援を通じて、状態の悪化を予防することを焦点として考えたとき、ソーシャルワーカー（ケアマネジャーも含めて）は、生態学アプローチに代表される"人と環境の相互作用"に着眼し、クライアント支援の過程においてさまざまな役割を担う。特に社会の偏見、長期的な入院や孤立による社会的機能の低下を経験した精神障害者への退院援助を行ううえでは、クライアントのニーズを充足するために地域における社会資源の有効活用を行う必要があり、すでに存在する社会資源はもちろん、もし適切な社会資源が地域に見つからない場合には、新たに作り出すという作業を行うことも必要となる。

1．事例の概要

★ケアマネジャーのプロフィール

・所属機関　　　A精神病院
・職　　種　　　精神科ソーシャルワーカー（精神保健福祉士）
・プロフィール　Bソーシャルワーカー　29歳　男性
　　　　　　　　社会福祉系大学卒業後、精神保健福祉士資格取得。A精神病院で精神科ソーシャルワーカー（PSW）として7年勤務。

★本人のプロフィール

・相談者　　　　Cさん　25歳　男性
・家族構成　　　Cさんは市内に1人暮らしで、両親は隣接する県に在住。

【家族関係図】

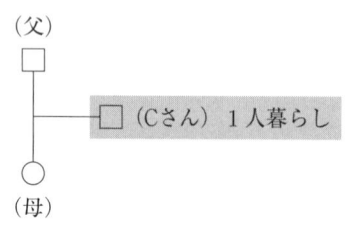

（父）□―┐
　　　　 ├―□（Cさん）1人暮らし
（母）○―┘

2．ケアマネジメント導入に至る経緯

　Cさんは、大学卒業後市内のデパートに就職した。真面目な性格で多少神経質な性格だったが、それによる対人関係でのトラブルはなく、周囲の同僚達も気にはしていなかった。しかしながらCさんは入社3年目で売り場の1つを主任としてまかされ、毎日夜遅くまで働く日々が続いた。本来の真面目な性格により1人で全責任を背負ってしまったのだろう。その頃から他の同僚との会話の数もめっきり減り、独り言や被害妄想的発言が目立つようになり、ある日の午後、勤務中に手足の震えや何かに怯え、窓から飛び降りる素振りをみせたためA精神病院へ入院となった。

3．ケアマネジメントの導入

（1）初回面接（インテーク）

　Cさんが入院した翌日に、病院のBソーシャルワーカー（以下Bワーカー）はCさんの病室を訪れた。薬によってコントロールされているのか、入院当日に観察された恐怖や怯えといった感情表現は全くみられず、黙って天井を見つめているCさんがそこにいた。入室後5分ほど経過しただろうか、Bワーカーは「はじめまして、ソーシャルワーカーのBです」とゆっくり自己紹介をした。Cさんはその声に反応するかのように頭の位置はそのまま目だけをBワーカーへ向け、数秒見た後再び天井へ視線を移した。しばらくしてBワーカーは次の日の再訪問を約束しその場を立ち去った。

　次の日の午後、Bワーカーは再度Cさんの病室を訪れた。Cさんはベッドから起き上がり軽く会釈をした。表情は相変わらず硬く、無表情ではあった。Bワーカーはベッド脇の椅子に腰かけることをCさんに許可を得て、あらためて自己紹介をしたが、やはり昨日と同様Cさんが口を開くことはなかった。しばらくの沈黙のあと、Bワーカーは継続的なかかわりの意思を表明した後退室した。

　Cさんの入院から約2週間経過したころ、Bワーカーは主治医からCさんの病名についての情報を得た。診断名は統合失調症、幸い軽度であり服薬のコントロールができれば早期の退院が可能ではないかとのことだった。病名等についてはすでにCさんには告知しており、Cさんの退院後の社会生活について相談に乗って欲しいとの依頼を主治医から受けた。

　その日の午後、早速BワーカーはCさんの病室を訪れた。病室に入るとCさんはベッドに腰かけ窓の外の景色を見つめていた。Bワーカーの入室を確認したCさんは体の向きを変え、「こんにちは」とはじめてBワーカーに向けて声を発した。以前よりもだいぶ髪の毛が伸び、痩せた頬と無精ひげが色白の肌に似つかわしくない印象を受けた。その後BワーカーはCさんを面接室へと促し、初回面接となった。

（2）アセスメント

　Cさんとの初回面接で得られた状況をBワーカーはアセスメントシートにまとめて

いった。

【生育歴】
　Cさんは19XX年Y月Z日、K県に生まれた。一人息子ということもあり、幼いころから非常にかわいがられた記憶があるという。その反面、Cさんの心の片隅にはいつも両親の期待に応えたい、裏切ることはしたくないという気持ちがあったとのことだった。

　小学校卒業後、中高一貫教育の私立学校に入学し、在学中は水泳部に在籍し、高校2年生まで部の中心として活動していたとのことだった。しかしながら3年生に進級すると大学進学について親の強い意見により部活動を無理やり辞めさせられた。Cさんは部活動を続けることについて両親の意見に従うしかなかった自分に、そのときはじめて嫌悪感を抱いたという。その春の大学受験では第二志望の大学に合格（第一志望の大学は両親の意向で地元の大学だった）、隣県であるY県で1人暮らしをすることになった。大学在籍中には高校時代に断念した水泳部に入部し活動を始めるが、すぐに体調を崩し、長期の休部の後、退部した。その後これといったサークル活動にも参加せず卒業し、現在勤めている会社（デパート）に就職することとなった。

　入社後しばらくはこれといったトラブルもなく仕事を続けることができていたが、3年目にデパート内の新しい店舗のマネージャーをすることとなり、"成功しなければ"というプレッシャーとの戦いの毎日だった。だんだん他の同僚のことも信じられなくなり、周りのみんなは自分の失敗を望んでいる……と考える日も多くなった。あるとき、自分の耳元で、誰かが「会社のやつらがお前を襲おうとしているぞ、逃げろ！逃げろ！」とささやいた。逃げろ！逃げろ！という言葉はだんだん大きくなり、窓が見えたので、そこから逃げようと思って走り出したところで同僚に止められた。そこから先は覚えていないとのことだった。

※Cさんは幻聴についてはこの時がはじめてではないとBワーカーに告げている。高校3年時、部活を親の希望で退部し、自己嫌悪感を抱いて以来、ときどき自分をあざ笑うかのような笑い声が聞こえたという。

【今後の療養生活における不安について】
　統合失調症という病気についてCさんは、薬を一生飲み続けなければならないということと、社会的偏見が強い病気だということを理解している。仕事の継続については、発症時の自分の行動で他の同僚は自分のことを精神病患者だと思っているに違いない、そんな環境で仕事を続けることは無理なので退職するつもりでいるとのことだった。退院はできるだけ早くしたいが、退院後の生活を考えると再発や地域に戻ってからの孤独、両親との関係といったさまざまな不安がCさんの口から語られた。

　最後にCさんから今後の療養生活については、地元に帰り、親とは同居しないが、何かのときには助けが得られるくらいの距離で1人暮らしをしたいという希望が語られた。

【上記アセスメントを総合して】

　Ｃさんはまじめで神経質な性格である。とくに両親との関係では幼少の頃から非常に大切に育てられてきたという感謝の気持ちがある反面、今まで両親の思い通りに生かされてきたという反発心もある。本人は退院後地元に戻ることを希望している。また両親との同居は望んではいないものの、何かのときには頼りたいとも思っている。両親はキーパーソンとして機能することが十分考えられるので、ＢワーカーはＣさんと両親の関係への介入を考える必要があった。Ｃさんの今までの社会生活は"諦め"による個人とシステム（部活動、サークル活動）の断絶の連続であったように感じる。今後の社会生活を通じて、Ｃさんが成功体験を重ね自己効力感及び社会的機能の向上を達成できるようＢワーカーは援助を行うこととした。

（３）問題とニーズ

　アセスメントの結果、以下のような問題及びニーズが判別できた。
- 地元に戻って社会生活を続けたい。
- 両親とは同居したくはないが、困ったことがあったときには助けてもらいたい。
- 病気のことを両親が知ることで見放されたくはない。
- 薬を飲みながら（再発を気にしながら）社会生活を送る不安を解消したい。
- 孤独感を感じたくはない。

　アセスメントの結果から導き出された上記問題及びニーズについて、後日ＢワーカーはＣさんに提示し、継続的にＢワーカーがかかわりをもつことについてＣさんから同意を得た。同意を得るにあたってＣさんに説明した内容は以下の通りであった。
- 上記問題や課題を解決するには複数のサービスを使うことが必要となる。
- それらサービスを利用する、しないの判断はＣさんが行う。
- Ｂワーカーはそれらサービスをより有効にＣさんが利用できるように調整する業務を行う。
- これら一連の流れをケアマネジメントと呼ぶが、ケアマネジメントはＣさんの希望があればいつでも中断できる。
- Ｃさんが地元へ移るため、そこで相談できる専門職が必要である。したがってその地域で信頼できる機関のソーシャルワーカーと連携してこの過程を展開する。

（４）支援計画（ケアプラン）の作成

　ケアプランの作成の第一歩として、問題及びニーズで明らかになった項目を基本として優先順位づけがなされ、具体的な援助方法を表24－1のようにリストアップした。

４．ケアプランの実施と援助過程

　それぞれの社会資源との連絡調整が終わった。両親も主治医から病名を告げられたときには一瞬の戸惑いを見せたが、地元の家族会などに連絡をとるなど、Ｃさんの受け入れ準備を行っているとのことだった。病状的にも落ち着いた200Ｘ年Ｙ月Ｚ日、Ｃ

表24-1　Cさんの援助方法

Aさんのニーズ	具体的援助方法
①地元に戻って生活をしたい	・Cさんは自分の希望する居住地を3か所選ぶ。 ・BワーカーはCさんから提出された地域に存在する医療機関や支援センターなどの社会資源リストを作成し、そのリストを参考に転居先を選択する。 ・居住地が定まったところで、主治医より転居先地域の医療機関医師へ連絡を行い、先方での受け入れ準備を依頼する。 ・同時にBワーカーは精神保健センターなどの関係機関へ連絡、対応を依頼する。
②両親とは同居したくはないが、困ったときには助けてほしい	・Cさんの同意を得て両親に連絡、来院を依頼する。 ・主治医が両親へ病状の説明及び問題発生時の対応方法などの説明をする。 ・Bワーカーが両親と面談を行い、Cさんの気持ちを代弁する。そのうえでの協力を求める。 ・主治医、Bワーカー、Cさん、両親、看護職によるカンファレンスを行い今後のお互いの役割を再確認する。 ・両親の希望により地域の家族会などへの紹介を適宜行う。
③薬を飲みながら（再発を気にしながら）社会生活を送る不安を解消したい	・主治医から再度病状の服薬の必要性について説明を受ける機会をもつ。 ・薬剤師をまじえ、Cさんの日常生活に合う服薬スケジュールを検討する機会をもつ。
④孤独感を感じたくはない	・入手した転居先地域における社会資源から、BワーカーとCさんが協同で適切な社会資源を選択する。 ・Bワーカーが選択された社会資源に連絡をとり状況を説明、受け入れの依頼を行う。 ・Cさんが事前に先方の担当ワーカーと電話で話をする機会をもつ。 ・転居後、Bワーカーは適宜Cさん及び受け入れ先担当ワーカーに連絡をとりフォローアップを行う。

さんは退院した。退院の際両親が付き添い、前を歩く父親とその後の母親、そしてその腕をつかむCさんの姿が印象的だった。当初予定していたアパートを借りての1人暮らしは、しばらく経過観察をするということで地域生活支援センターの管理するグループホームに入所することが決まっている。Bワーカーはその後数回にわたり、地域生活支援センター担当ワーカーやCさんに電話連絡によるフォローアップを行っているが、問題などの報告は受けていない。もうしばらくフォローアップを続け、Cさんの希望を聞いたうえで、ケアマネジメントの中心的な役割を転居先ソーシャルワーカーへ移行しようと考えている。

5．事例の考察

　本事例のクライアントCさんは、退院後に自分の出身地での生活を希望していた。その場合、ワーカーは転居先地域のワーカーと連携を取りながらケアマネジメントを展開していくことが要求される場合が多い。その第一歩としてワーカーはその地域に

おける社会資源のアセスメントをまず行う。その地域にクライアントのニーズを充足するようなサービスが存在する場合は、"システム連携機能"を発揮することになるが、もしそこに適切なサービスや資源が存在しなければ代替のサービスを導入するか、もしくは新たに資源をそこにつくり上げなければならない。

　本事例では幸いにしてクライアントのニーズを充足する社会資源が存在しており、クライアントはうまくそれら社会資源につながっていく力をもっていたと考えることができよう。その場合長期的なフォローアップにつながっていく。しかしながら新たな環境適応が苦手なクライアントなどの場合は、サービスを有効活用するまでに時間を要したり、場合によっては利用を中止し、引きこもるケースは珍しくない。引きこもりが社会的孤立を生じさせ、服薬コントロールの乱れによる再発につながるケースは稀なことではないと感じている。精神障害の特性は他の障害と比べ、"固定する"という概念があてはまりにくく、常に不安定であることは周知の通りである。対人関係の悪化などといった社会生活上のトラブルが精神障害を再燃させてしまう可能性を秘めている。

　精神障害者のケアマネジメントの目的は多様であろうが、再発や社会的孤立の予防、リハビリテーションという側面からその目的を捉えた場合、ケアマネジメントの各展開過程における柔軟な対応と、"クライアントのため"という姿勢ではなく"クライアントとともに"という、ソーシャルワーク実践では基本的なソーシャルワーカーマインドを再考する必要があろう。

【参考文献】
平山尚・平山佳須美・黒木保博・宮岡京子『社会福祉実践の新潮流』ミネルヴァ書房　2000年
ウイリアムG.ブルーグマン・野口啓示『ソーシャルケアマネジメントの基礎』トムソンラーニング　2002年
厚生労働省社会援護局障害保健福祉部『障害者ケアガイドライン』2002年

■演習課題
① Bワーカーが入院初期のCさんの病室を何度か訪れていますが、あなたがもしBワーカーの立場だったとしたら、他にどのようなかかわりをすると考えますか。
② 「支援計画（ケアプラン）の作成」の表24－1に記述されている具体的援助方法の他に、あなたであればどのような方法が考えられますか。
③ 精神障害者の家族への支援を行うにあたり、ワーカーが注意すべき点は何ですか。

Learning10　ケアマネジメント演習

25　児童のケアマネジメント事例
―児童家庭支援センターにおける虐待予防のネットワーク―

> ■事例を読む視点
> 　児童家庭支援センターは、地域の子どもの福祉に関するさまざまな問題について、子どもやその保護者などの相談、助言、支援を実施し、また、市町村や児童相談所などの関係機関との連絡・調整を図っている。
> 　なお、児童福祉サービスは基本的に措置により実施され、また、ケアマネジメントが制度的に整備されてはいない。しかし、近年の児童虐待などへの対応においては、複数の機関や関係者がその支援にあたることから、ケアマネジメントの方法を用いて支援が展開されるようになった。本事例は、児童家庭支援センターにおいて、ひとり親家庭の母親における子育て支援へのケアマネジメントの実践であり、緊急を要する保護と育児疲れによる子どもへの虐待が疑われた事例である。
> 　本事例の視点は、インテークから早急にサービスを実施したB相談支援職員の速やかなケアマネジメントの対応を学習してほしい。

1．事例の概要

★ケアマネジャーのプロフィール

- 所属機関　　　K児童家庭支援センター（K児童養護施設に附置されている）
- 職　　種　　　相談支援員（社会福祉士）
- プロフィール　B相談支援員　36歳　男性
　　　　　　　　社会福祉系大学卒業後、K児童養護施設の児童指導員を10年勤め、その後同法人内の人事異動によりK児童家庭支援センターの相談支援職員として3年目となる。

★本人のプロフィール

- 相談者　　　　Aさん　33歳　女性
- 家族構成　　　小学3年生男子（9歳）、小学1年生男子（7歳）の3人家族である。夫とは、3年前に離婚しており、ひとり親家庭となった。

【家族関係図】

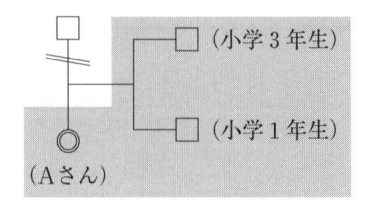

2．ケアマネジメント導入に至る経緯

　K児童養護施設に附置されているK児童家庭支援センターへ、金曜日の夜遅くにAさんと子ども2人が、突然相談に訪れた。
　Aさんは仕事の都合でこの地に引っ越してきたばかりであり、近隣に頼れる親戚縁者や友達もいないという。主な相談の内容は、勤務している会社で急に研修出張に行くことになり、子どもを土曜、日曜と2日間、K児童家庭支援センターで預かってくれないかということであった。そこで、B相談支援員が対応することになった。

3．ケアマネジメントの導入

（1）初回面接（インテーク）

　Aさんは、ひとり親家庭で、現在小学3年生と、1年生の子どもがあり、この相談の場にも子ども2人と一緒にやってきた。
　最初の話は、今回、仕事の都合で急にどうしても1泊2日間の出張をする必要がある。この地域には3か月前に引っ越したばかりで、地域に知り合いもなく、他に子どもを預けるところがないので、1泊2日間だけここ（K児童家庭支援センター）で預かってほしいというものであった。なお、K児童家庭支援センターのことは、小学3年生の息子の友達が、K児童養護施設に入所をしているということで知ったとのこと。
　Aさんの様子から子どもたちを預かってもらえるところがなく、また、1人で子育てする不安もあり、せっぱ詰まって困り果てていることがうかがえた。
　B相談支援員は、Aさんの相談を聞き終えると、相談の受付票の作成に取りかかろうとしたが、Aさんの様子から、まだ何か話したりない印象を受けた。そこで、児童家庭支援センターの業務内容を簡単に説明し、他に困りごとがあれば、相談を受けることを伝えると、「実は仕事と子育ての両立が大変でイライラすることも多くて…子どもを必要以上に叩いてしまうのです。いけないとはわかっているのですが…」と話しはじめた。
　B相談支援職員は、Aさんの話に耳を傾け、1人で子育てする大変さを受けとめた。そして、緊急保護については、すぐに児童相談所に連絡を取って対応すべきであるが、今が金曜日の夜であり、児童相談所が土曜・日曜と閉所しているので連絡をとることができないので、K児童家庭支援センター所長を兼務しているK児童養護施設の施設長と協議し対応することを伝えた。

（2）アセスメント

　B相談支援職員は、Aさんの家族構成や年齢などの基本的な情報の他、これまでの生活経緯や子どもたちの生育暦などについて確認した。

【基本的情報】
● 氏　名：A　年齢　33歳

- 連絡先：住所　K県K市K町一丁目10番地　（自宅・携帯番号）
- 勤務先：会社名　株式会社D　職種　販売・営業職
- 家族構成：Aさんと小学3年生男子（9歳）、小学1年生男子（7歳）の3人家族。

※離婚した夫とは、全く連絡がとれない。また、Aさんの両親は、遠方の他県在住であり、また、疎遠になっていることから、子どもたちの面倒をみるのは困難である。

- 住居の状況：賃貸マンション（2DK）

【生活状況】
- 収　入：Aさんだけの収入であり、経済的な面においてはかなり厳しい。
- 子育て：平日、子どもたちは、小学校内にある放課後児童クラブ（学童保育）を18時まで利用し、A子さんが迎えにきているとのこと。周りに子育てを援助してくれる人もなく、子どもに対してきつくあたるなど、かなり子育てに疲れている様子。

（3）問題とニーズ

　B相談支援職員は、アセスメントシートから、今回の事例の問題点とニーズを以下のようにまとめた。

【問　題】
- 出張のため、子どもを土曜、日曜と1泊2日間預かってくれる所を探している。
- 最近、育児疲れから子どもに対して、言うことを聞かないときに、必要以上に叩いてしまう場面があり悩んでいる。
- 引っ越したばかりで、子どものことで近隣に頼れる親戚縁者や友達が全くいない。
- Aさんの両親は、遠方の他県に在住で、子どもたちの面倒をみるのは困難である。
- 今回、活用できる社会資源はあまり無い。
- 子育てに不安をもち、将来的に虐待につながるかもしれない。

　そして、Aさんの訴えや希望から、どのような支援が必要かをふまえ、次のようにニーズを明確にした。

【ニーズ】
- A子さんが出張のため、子ども2人を土曜、日曜と2日間、K児童家庭支援センターで預かってほしい。他に頼るところが無い。
- 周りのサポートが無く、働きながら1人で子育てをしているために、精神的に追い詰められつつある。

（4）支援計画（ケアプラン）の作成

【ケースカンファレンス】

　B相談支援員の話を聞いた所長は、早速K児童養護施設の副施設長、主任児童指導員、主任保育士を交えたケースカンファレンスを緊急に開催し、以下のように意見がまとめられた。

- Aさんが、本当に困っている様子なので、前向きに子どもたちを預かる。
- 児童相談所に附設している一時保護所を緊急に利用できないかという意見が出た

が、今回のケースは、そこまで緊急性は高くないと判断した。
- 主任保育士の話では、2人の子どもが以前、K児童養護施設に遊びに来ていて顔や様子は大体知っているので、預かることは不安ではないとのこと。
- 学校、民生委員児童委員（以下、児童委員）[*1]の意見も聞いて検討する。

[*1] 児童委員は、民生委員が兼務し、通常「民生委員児童委員」とされ、児童の問題の他、高齢者や障害者、生活保護世帯などの相談や行政機関等との連絡などを行う。このほか、地域の児童問題を主に扱う「主任児童委員」が地域に委嘱されている。

【社会資源の調整】
- 小学3年生男子、小学1年生男子が通っている小学校に連絡を取り、担任に状況を聞くと、各担任とも、家庭状況はひとり親家庭という程度の把握をしていたが、今回のことは全く知らなかった。
- 地域の児童委員に連絡を取り、この家庭の状況を聞くと、同じように、家庭状況はひとり親家庭という程度しか把握をしていない。
- 学校、児童委員の意見では、今回については、K児童養護施設を利用できないか、また子育てに不安をもっていることについては、少し気になるとのこと。

次に、具体的な支援計画について検討し、最終的には以下の事柄が決定された。

【支援計画】
- K児童家庭支援センターには宿泊設備がないので、附置しているK児童養護施設で子どもたちを預かる（子育て短期支援事業を活用する）。
- 2人の子どもの担当は、主任保育士とする。
- 児童相談所、市児童福祉課には、後日、事後報告をする。
- 再度、身元確認をし、子どもたちと面接をし、子どもたちの意見も十分に聞く。
- 今後、このようなことが、再度起こったときの対応と子育てに不安をもっていることに対してのアプローチについて検討する。

4．ケアプランの実施と援助過程

（1）援助の開始

ケースカンファレンスが30分ほどで終了し、B相談支援員は子どもたちに安心感をもたせるために、K児童養護施設の主任保育士に同席してもらい、先ほどの会議の結果をふまえ条件を提示したところ、Aさんから「その条件で十分です。よろしくお願いいたします。子どもたちもK児童養護施設のほうが、お友達と一緒で楽しいと思います。ありがとうございます」とホッとした了解の返事があった。そして、明日の土曜日の朝、子どもたちをK児童養護施設に連れてくることを約束した。

その後、無事に1泊2日間の出張を終え、日曜日の夜に迎えにきたAさんは、本当に助かった様子であった。そして、「今後とも、よろしくお願いします」と深々と頭を下げた。

B相談支援員は、「これからも、気軽に相談に来てください。ショートステイだけではなく、子育てのことで何かあれば遠慮なく来てください。それから、地域の児童委員さんを紹介しておきますので、何かの時には、ご相談ください」と笑顔で対応した。

（2）ケース会議の開催

　B相談支援員は、Aさんの今後の対応や虐待予防を検討する必要性を感じ、児童相談所、市の児童福祉課、児童委員、主任児童委員、学校担任、放課後児童クラブの児童指導員、K児童養護施設施設長に参加を求めケース会議を開催した。

　そこでは、以下のようなことが確認され支援計画が作成された。

- Aさんの状況から、今後子どもの虐待に発展する可能性があることから、B相談支援員がケアマネジャーとなり、継続的に関わる。
- 主任児童委員、児童委員は、定期的にAさん宅に連絡、または訪問し、悩みなどの相談に乗り、B相談支援員に連絡する。
- 学校担任、放課後児童クラブの児童指導員は、2人に虐待などの兆候がないかを注意し、その可能性があればすぐにB相談支援員に報告する。報告を受けた場合、児童相談所は直ちに調査に入る。
- 今後、Aさんの出張などにより、子育て短期支援事業（ショートステイ）を利用する場合には、市児童福祉課に申請のうえ、Aさんや子どもたちの安心して利用できるK児童養護施設を利用する。
- できるだけ、Aさんが地域との関係を築けるよう、地域の親子参加の行事に参加できるよう配慮する。

（3）その後の経過

　その後、A子さんは、K児童家庭支援センターに気軽に足を運べるようになり、B相談支援員との信頼関係も深まり、生活で困っている事や悩んでいた子育てについて、いろいろと相談し、心理・社会的な支援を受けるなかで、仕事と子育ての両立の難しさからイライラしていた自分を客観的に省みる必要性を理解しはじめた。

　また、児童委員などからいろいろと地域の情報を教えてもらい、休日には子どもと一緒に地域の行事に参加するなど、地域との関係も少しずつ広がり、お母さん同士の友達も数人できた。

5．事例の考察

　本事例は、児童家庭支援センターにおけるケアマネジメントの実践である。最初のニーズは緊急に子どもを預かってほしいというものであったが、話を聞くうちに仕事と子育ての両立が難しく、最近、育児疲れから子どもに対して厳しく躾をしてしまうので悩んでいるという相談内容であった。

　ケアマネジメントは、複数のニーズをもった利用者を対象とし、社会資源を総合的にコーディネートしながら、地域での生活継続を支援することであるとされている。

昨今の児童虐待の問題には、予防、早期発見、早期対応、家庭機能の援助・支援、児童の治療的養育などが必要であるとされており、総合的に支援を展開できるケアマネジメント導入はとても有効的であるとされている。

　本事例のように、緊急の保護をスムーズに実施し、その後、地域の社会資源を活用し、子育て不安による虐待への移行を未然に予防できたことは、児童家庭支援センターと関係者との日頃のネットワークがなければ対応できない。また相談者は、当初子どもを叩いてしまうという状況は表明してなく、Ｂ相談支援員が相談者の表情やしぐさなどから話を引き出し、この点のニーズを把握した。児童福祉分野でのニーズ把握は、相談者が最初からすべてを話すとは限らず、ニーズが潜在化していることが多いので、相談者との信頼関係を築くことが重要になってくる。

　児童家庭支援センターの事業内容は、地域の子どもの福祉に関するさまざまな問題についての相談・助言、要保護児童及び家庭に係る状況把握、児童相談所、福祉事務所、児童福祉施設、民生委員児童委員、公共職業安定所、保健所、学校など関係機関との連絡・調整、要保護児童及び家庭に係る援助計画の作成、その他子ども、またはその保護者などに対する必要な援助があげられる。

　ここから、児童家庭支援センターが、児童福祉分野におけるケアマネジメントの実施機関としての役割がみえてくるが、全国的にはまだ50か所程度しか設置がなく、その整備は進んでいない。

　しかし、その機能から児童相談所では対応しきれない地域に根ざしたよりきめ細やかな相談援助活動を行うとともに、児童相談所や施設との連携などにより、問題を抱えている親や子どもに対し、１日24時間いつでも相談を受けることなど、積極的な支援活動を展開することが期待されている。

【参考文献】
辰己隆「事例研究（演習）」松本寿昭編著『保育・教育ネオシリーズ８社会福祉援助技術』同文書院　2006年
辰己隆「児童家庭支援センター」山縣文治編『よくわかる子ども家庭福祉第４版』ミネルヴァ書房　2006年

■演習課題
① Ｂ相談支援員が、今回のケースで、Ａさんの相談を「緊急のショートステイ利用」のみで対応していた場合、その後の展開はどのように変わっていたかを予想し、アセスメントにおける面接の重要性を考えてみましょう。
② Ａさんは、仕事と子育ての両立の難しさからストレスが溜まり、子どもに対して厳しい躾を行い虐待に移行しつつありました。それを未然に防いだケアマネジメントの意義を考察してみましょう。
③ 児童福祉分野における、ケアマネジメント実践の問題や課題について調べて、まとめてみましょう。

Learning10　ケアマネジメント演習

26　生活保護世帯のケアマネジメント事例
―就労支援員を活用して就労開始をした母子世帯―

> ■事例を読む視点
> 　福祉事務所には、生活保護受給者の相談援助を担う「現業員」（一般的には「ソーシャルワーカー」「ケースワーカー」と呼ばれている）という職種が配置されて、本事例のように生活保護受給者の生活ニーズに対して支援している。
> 　しかし、生活ニーズには生活保護制度だけで解決できることと、関係機関や他の専門職を活用しなければ解決できないものがあり、多くは後者の場合である。よってソーシャルワーカーが生活保護受給者の自立生活に向けた支援を展開するには、経済的給付により最低生活保障をするとともに、支援にあたっては社会資源を活用することが求められていることに留意してほしい。
> 　なお本事例は、本書「⑪　さまざまな分野のケアマネジメント」（p.60）に示した事例の継続ケースであるので、そちらを最初に読むと理解が深まるだろう。

1．事例の概要

★ケアマネジャーのプロフィール

- 所属機関　　　X県Y市福祉事務所　生活保護課
- 職　　種　　　現業員（資格　社会福祉主事・社会福祉士）
- プロフィール　Cワーカー　28歳　男性
  社会福祉系大学卒業後、Y市役所に就職。高齢福祉課に4年勤務し、異動により2年前より生活保護課でソーシャルワーカーとして勤務。

★本人のプロフィール

- 相談者　　　　Aさん　23歳　女性
- 家族構成　　　長男B君（3歳）とのひとり親世帯。半年前に離婚し、前夫からの養育費はない。Aさん自身もひとり親世帯の出身で、Aさんの母親は他県で1人暮らし。

【家族関係図】

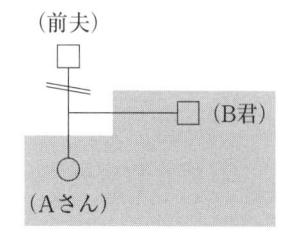

（前夫）──╳──（Aさん）
　　　　　　　│
　　　　　　（B君）

２．ケアマネジメント導入に至る経緯

　Aさんは離婚して３か月が経過した頃より、長男（B君）に自身の寂しさを八つ当たりするようになった。友人に相談すると「保育所に預けて働いたら」とアドバイスされたので、保育所の申し込みのためにY市福祉事務所に出かけた。

　子ども家庭福祉課のソーシャルワーカーに相談したが、現在は保育所に空きがなく、就労するのであれば、利用料は高いが民間の保育サービスを利用する方法もあるとのことであった。また、育児について不安があれば相談できる保健師を紹介できるといわれ、Aさんは「民間サービスの保育料は高いので保育所に空きが出るまで就労は待ってみる。子育てについて保健師に相談したい」と考え、保育所の入所申込書を提出し、Y市保健センター（市民健康課）の保健師を紹介された。

　数日後に保健師の訪問があり、アパートの近くにある地域子育て支援センターを紹介され、１週間後に保健師と出かけ「子育てサークル」に参加することにした。

　半年がたち、保健師による訪問や地域子育て支援センターの利用によって落ち着きを取り戻したが、Aさんは急病により入院してしまった。ソーシャルワーカーはすぐにX県児童相談所に長男の一時保護を依頼し、翌日にAさんの入院先を訪問したところ「預貯金が少なく入院費が支払えない」とのことだった。

　ソーシャルワーカーが生活保護課への相談を薦めたところAさんも了解した。そこでソーシャルワーカーは生活保護課のCワーカーにこれまでの状況を伝えたところ、３日後にCワーカーは病院を訪問しAさんより相談を受けた。

３．ケアマネジメントの導入

（１）初回面接（インテーク）

　Aさんの術後は順調のようでベッドに座り休んでいた。座位保持は可能なので車いすに乗り、医療ソーシャルワーカーに相談室を借りて面接を行った。

　Cワーカーはこれまでの状況を子ども家庭福祉課のソーシャルワーカーより情報提供されていたが、再確認するために、前夫との離婚時の話し合い、扶養義務者の状況、資産や預貯金の状況、生活歴や病歴、収入の状況、子どもへの思い、今後の生活設計などを聴取した。

　最後に生活保護制度の仕組みについて詳しく説明し、Aさんより生活保護の申請書を受理した。

（２）アセスメント

　Cワーカーは、Aさんとの面接後、X県児童相談所、地域子育て支援センター、Y市保健センターに訪問し、各担当者よりこれまでの支援内容について聴取し、今後の協力を依頼した。さらに１週間後にはAさんの主治医から病状確認と退院の目処について聴取し、その結果を子ども家庭福祉課のソーシャルワーカーに伝えた。

Aさんや主治医、関係機関から聴取し把握した内容は次のとおりである。

【生活状況等】
- 離婚時の話し合い：離婚の理由は前夫からの暴力と女性問題であった。養育費の話し合いをしたが了解は得られず養育費はもらっていない。
- 扶養義務者の状況：前夫は前住地のＸ県Ｚ市に居住している。既に女性と同居しているようで援助は期待できない。Ａさん自身もひとり親世帯の出身で兄弟はおらず、実母は他県でパート就労しながらの１人暮らしであり金銭的援助は期待できない。
- 資産や預貯金の状況：活用できる資産はなく、預貯金は現在３万円程度。負債・借金はない。
- 生活歴や病歴：隣県で出生。６歳時に両親が離婚し、以後は母との２人暮らし。地元の中学校を卒業し高校に入学したが、通学はあまりせず卒業もギリギリであった。卒業後はスナックでアルバイトをするが、そこで前夫と出会いＸ県Ｚ市で同棲。妊娠したため20歳時に結婚、出産後は専業主婦であった。半年前に離婚し、預貯金で現住地のＹ市アパートに転居してきた。これまで入院を要する病気はなかった。
- 収入の状況：内職により月に２万円程度。児童扶養手当は月額４万円。
- 住居の状況：和室８畳と台所の１ＤＫ。家賃は月額３万円で滞納はなし。

【病状と予後】（主治医より病状確認）
- 病　　名：急性腸閉塞で入院３日目に手術した。
- 予　　後：術後は良好なので入院期間は１か月程度の予定。退院後の通院は当面は月に２回、安定すれば月に１回でよい。

【子育ての状況】
- Ａさんの子どもへの思い：離婚してからは朝から晩まで、ずっと一緒にいるという２人だけの生活に疲れを感じ、長男に八つ当たりするようになってしまった。地域子育て支援センターの子育てサークルに行くようになってからは本当に落ち着いたし、今は子どもに会いたくてしかたない、とＡさんから聴取した。
- 子育て支援センターの保育士より：通いはじめた当初は不安を抱えていたようであったが、同年代の友人が数人できてからはサークル活動も積極的であったし、最近では長男を本当に愛しているとこちらにも伝わってきた。

【今後の生活設計】
- これまで預貯金と内職による収入、児童扶養手当でなんとか生活してきたが、入院費の支払いは困難な状況である。退院後は長男の保育所が決まりしだい、体調に気をつけながら早期に就労先をみつけたい。子育てへの不安は軽減されてきたので、今後とも長男と２人で生活していきたい。

（３）問題とニーズ

　ＣワーカーはＡさんとの面接、これまでかかわりがあった各機関の担当者からの情報より、Ａさんの生活課題を次のように分析した。

- 預貯金が少なく入院費の支払いや退院後の生活費の捻出が困難である。
- 就労意欲はあるが長男の保育が困難のため求職活動をしていない。

そして、どのような支援が必要かをふまえ、次のようにニーズを把握した。
- 入院費や退院後の生活費を捻出する方法を検討する。
- 退院後の体調に留意して長男の帰宅時期を調整する。
- 体調や通院状況に留意して求職活動を実施する。
- 長男を日中保育する機関・方法を検討する。
- 子育ての不安については、これまでの支援を継続する。

なお、CワーカーがAさんの生活保護受給の可否について資力調査したところ、最低生活費が収入認定額より上回ったので生活保護を開始する決定をした。

（4）支援計画（ケアプラン）の作成

入院から1か月が経過した。生活保護の開始により医療費や生活費の心配がないのでAさんも安心したようだ。予後も順調で日常生活に困らない程度まで回復した。

退院が来週に決まったので、Cワーカーは、子ども家庭福祉課のソーシャルワーカーに状況を説明し、保健師、児童相談所の児童福祉司、地域子育て支援センターの担当者、入院先の医療ソーシャルワーカーを交えてカンファレンスを開催し、Aさんの退院後の生活についての「支援の方針」を次のように検討した。

【短期的支援方針】
- 退院後のケアマネジャーは、生活保護課のCワーカーが担当する。
- 退院後、数日間はAさんに単身生活をしてもらい、長男の帰宅は体調と家事の負担を自身で判断しながら、時期については児童福祉司と調整する。
- Cワーカーは月に1回はAさんのアパートを訪問して状況確認をしていく。
- 退院後しばらくは療養専念とし、内職も体調に負担のない程度とする。
- 子育ての不安に関しては保健師と子育て支援センターによる支援を継続する。
- 退院後の病状や通院状況については、医療ソーシャルワーカーと連絡調整する。

【中期的支援方針】
- 病状や通院状況を把握し、主治医に就労の可否についての医学的所見を受ける。
- 求職活動は、ハローワーク（職業安定所）を活用するが、活動状況によっては生活保護世帯に対しての就労支援員による支援も検討する。
- 就労開始の場合、長男の保育所入所が優先入所要件に該当するか検討する。
- 子育ての不安に関しては保健師と子育て支援センターによる支援を継続する。

【長期的支援方針】
- 就労による稼働収入の増収と生活の安定を図る。
- 前夫との関係を調整しながら養育費の請求を検討する。

4．ケアプランの実施と援助過程

（1）退院・自宅療養

　カンファレンスの翌日、CワーカーはAさんの病室に訪問し、ケアマネジャーが変更されたことやカンファレンスの内容、ケアプランについて説明し同意を得た。

　Aさんの退院日。Cワーカーは帰宅に同行し「入院が長かったので、数日間は家事をしながら体調を整えてください。体調が良好なら長男の帰宅日を児童相談所と調整します」と話した。退院から3日後に保健師が訪問すると「体調は大丈夫です。早く子どもに会いたい」と話したので保健師はCワーカーに連絡し、Cワーカーは児童福祉司に状況を話し帰宅を明日とし、児童相談所へは保健師が同行するように調整した。

　長男が帰宅して1週間後、CワーカーはAさんを訪問した。「家事や子育ての負担は感じません。昨日は子育て支援センターに行きサークルの仲間に会いました」と話した。Cワーカーは「しばらくは療養に専念して。内職も負担のない程度に」と伝えた。

　翌月、Cワーカーは定例訪問をした。「通院は隔週ですが、主治医から『来月から月に1回でいい』と言われた」と話があった。Cワーカーは医療ソーシャルワーカーに「通院が月に1回に変更でいいのかを主治医に確認していただきたい」と依頼したところ、翌日に「確認がとれました。その通りです」との連絡を受けた。

（2）求職活動の開始

　Aさんが退院して3か月が経過した。Cワーカーが訪問すると「体調も良好なので、そろそろ仕事を探したい」と話があり、「Aさんの気持ちはわかりました。主治医に就労の可否について確認します」と伝えた。そこでCワーカーは医療ソーシャルワーカーに主治医との面接日の調整を依頼した。

　3日後にCワーカーは病院に訪問し、主治医に病状確認したところ「通院は指示どおりに来院している。服薬は今後も必要だが、日常生活には支障ない病状である。就労は構わないがフルタイムの立位作業は疲れが出ると思う。仕事の内容や時間については、本人の体調に留意しながら検討してほしい」と話があった。

　翌日、Aさんが福祉事務所に来所した。通院の帰りとのことで主治医からも昨日の話があったとのこと。Cワーカーは「ハローワークでの求職活動を開始してください。新聞の折り込み広告も参考になりますよ。ハローワークや会社に面接に行くときは、子育て支援センターの一時保育を利用できますので申し出てください」と伝えた。

（3）就労支援員の活用

　Aさんが求職活動を開始して3か月が経過したが、なかなか採用には至らなかった。Aさんは「仕事を探すのは難しいですね。スナックでのアルバイト経験しかないので、会社で働くというのははじめてなのです。履歴書の書き方も苦労してますし、面接も緊張してしまいます。仕事内容も体調のことがあるので事務関係を希望してますが、どこもパソコンの操作を要求されます」と話してくれた。Cワーカーは「このままA

さんの力だけで求職活動するには限界がありそうですね」と話し、生活保護受給者の就労をサポートする就労支援員の活用について説明した。Ａさんも「お願いしたい」と言ったので、生活保護課に所属している就労支援員を紹介したところ、来週より支援を開始することになった。

それから３か月が経過した。就労支援員はＡさんとハローワークに同行したり、履歴書の書き方や面接の受け方について丁寧に説明した。Ａさんも自信がついたようで数か所の面接を受け、食品会社の製造部門のパートに採用された。

Ｃワーカーは長男の保育所への入所が必要となったので、子ども家庭課のソーシャルワーカーに「就職先が決まったので優先入所の要件に該当するか検討してほしい」と依頼したところ、入所会議が開催され来月からの入所が決まった。

就労開始から１か月が経過した。Ａさんが仕事の帰りに来所し「仕事は毎日なので大変ですが体調も良好です。長男が保育所に行き一緒にいる時間が減ったので、その分だけ愛情が深まるようになりました。子どものためにも頑張ります」と話してくれた。Ｃワーカーは「よかったですね。これからは３か月に１回程度の訪問に変更します。その間に何かあったら連絡ください。落ち着いたら前夫との養育費の問題、今後の生活設計について一緒に考えていきましょう」と伝えた。

５．事例の考察

本事例は子育てに不安のあるＡさんが、保健師や地域子育て支援センターの支援により落ち着きを取りはじめたときに緊急入院となり、退院から帰宅、そして就労開始に至るまでの支援の経過である。生活保護課のソーシャルワーカーがケアマネジャーとなっているが、生活保護制度の範囲内での支援では限界があり、社会資源としての関係機関や専門職との連携が必要であることが事例からわかる。

なお、これまでの就労支援はソーシャルワーカーが単に「ハローワークに行き自分で探すように」といった程度であったが、平成17年度より比較的大規模な福祉事務所に就労支援員が配置されはじめ、事例のように個別的な支援を実施している。

■演習課題
① Ａさんが長男Ｂ君に対して身体的虐待をしていることがわかった場合、Ｃワーカーはどのように対応したらよいか考えましょう。
② Ａさんが食品会社の事情により解雇されたとしたら、支援計画や方針をどのように変更したらよいか考えましょう。
③ Ａさんに預貯金があり生活保護を受けなかったとしたら、就労支援は誰が、どのように支援したらよいか考えましょう。

索　引

あーお

アウトリーチ	34,70
アクションプラン	94
アセスメント	21,34,68
アセスメントシート	76
アドボケーター	36
委託相談支援事業者	56
医療ソーシャルワーカー	63
インテーク	70
インフォーマルセクター	25
エンパワメント	38

かーこ

介護支援サービス	47
介護支援専門員	14,32
介護支援専門員の定義	50
介護システム	15
介護保険制度	46
…創設の目的	16
介護保険法	14
介護予防ケアマネジメント	130
介護老人保健施設	126
介入	21
QOL	37
居宅介護支援	48,49
居宅介護支援事業	14
居宅介護支援事業所	50
居宅サービス計画書	86
ケア会議	68,91
ケアカンファレンス	92
ケアプラン作成	34,68,86

…の実施	35,68,94
ケアマネジメント	10
…の機能	18,33
…の質	104
…の対象	28
…の展開過程	34,66
…の目的	13
…の目標	13
…の利用者	28
ケアマネジャー	10,32,50
…の役割	33
計画策定	21
ケースの発見	34,67,70
ケースマネジメント	12
権利擁護機能	33
コーディネートモデル	20
コスト管理	19
個別サービス計画	94

さーそ

サービス担当者会議	68
サービスの質の評価者	105
再アセスメント	35
財源管理機能	33
財源管理モデル	33
財源調達・開発機能	33
最小モデル	20
支援費制度	54
市町村自立支援協議会	58
市町村相談支援強化事業	56
指定相談支援事業者	56

児童家庭支援センター	156
児童相談所	62
児童の虐待問題	30
社会資源	24,40
社会資源の改善	26
社会資源の開発	26
社会生活上のニーズ	25
社会的入院	16
週間サービス計画表	88
終結	95
主任ケアマネジャー	19,107
守秘義務	71
受理面接	70
循環サイクル	95
障害者ケアマネジメント	29
障害者自立支援法	54
障害者相談支援事業	56
償還払い制度	49
処遇的機能	33
処遇モデル	33
自立支援	37,48
自立生活プログラム	139
新予防給付	130
ストレングス	39
生活ニーズ	42
生活の質	37
生活保護世帯	162
精神障害者	150
相談支援事業者	56
相談支援専門員	57
ソーシャル・アクション	29
ソーシャルワーカー	61
ソーニクロフト	20

たーと

ターミナルケア	114

第三者評価システム	106
第三者評価推進機構	106
地域子育て支援センター	62
地域支援事業	51,130
地域自立支援協議会	58
地域生活支援事業	56
地域福祉計画	27
地域福祉システム	15
地域包括ケア	52
地域包括支援センター	50,107,130
チームアプローチ	35
知的障害者のケアマネジメント	144
チャリス	12,20
ディマンド	44
特例許可病院	17
都道府県自立支援協議会	58

なーの

ニーズ	42
ニーズアセスメント	76
ニーズの明確化	77
二次アセスメント	94
認知症	120
ネットワーキング	40
ノーマティブニーズ	43

はーほ

評価	21
フェルトニーズ	43
フォーマルセクター	25
福祉事務所	60
包括ケアシステム	15
包括的支援事業	50
包括的モデル	20
ホームレス	30
ホームレスの自立の支援等に関する特別措置法	30

保健センター	62
ポジティブケアプラン	39

まーも

マクスリー	13,19
マスタープラン	94
モニタリング	21,35,68,95

やーよ

ユーザーモデル	33
要介護認定・要支援認定	46

らーろ

リアルニーズ	43
利用者主体の視点	36
ロス	20

対人援助職をめざす人のケアマネジメント
Learning10

2007年4月1日　初版第1刷発行
2017年8月10日　初版第6刷発行

編　　集　　太　田　貞　司
　　　　　　國　光　登志子
発 行 者　　竹　鼻　均　之
発 行 所　　株式会社　みらい
　　　　　　〒500-8137　岐阜市東興町40　第5澤田ビル
　　　　　　ＴＥＬ　058-247-1227代
　　　　　　ＦＡＸ　058-247-1218
　　　　　　http://www.mirai-inc.jp/
印刷・製本　　サンメッセ株式会社

ISBN978-4-86015-109-6　C 3036
Printed in Japan　　　乱丁本・落丁本はお取り替え致します。